Een Vader voor JOU

Published by Mark Gyde
Een Vader voor Jou (A Father to You)

Gebruikte bijbelvertalingen: Nieuw Bijbel Vertaling en Willibrord 1995

Mark Gyde
Een Vader voor Jou (A Father to You)

Used translation of the bible: Nieuwe Bijbel Vertaling and Willibrord 1995

ISBN: 978-0-9567792-2-9

Een Vader voor JOU

"Ik zal voor u een vader zijn en u zult voor mij
zonen en dochters zijn, zegt de Heer."
(2 Corinthiërs 6:18, Willibrordvertaling 1995)

Een wegwijzer naar het hart van de perfecte
Vader, die een Vader voor JOU wil zijn.

Een Bijbels perspectief op het ervaren van God
als Vader.

Mark Gyde

Opgedragen *aan mijn vier kinderen: Frances, Hilary, Hannah en John. Ik vertrouw erop dat zij mij alle fouten, die ik gemaakt heb, zullen vergeven.*

En aan mijn vrouw en beste vriend, Fiona, voor haar steun, bemoediging en haar hulp bij het maken van dit boek. En natuurlijk voor haar onophoudelijke liefde.

Ik houd van jullie allemaal...

Inhoudsopgave

Voorwoord

Ik voel me vereerd Mark's nieuwe boek "Een Vader voor JOU" te kunnen aanbevelen. Deze verzameling van onderwerpen over het Vaderhart van God zal dienen als een wegwijzer voor jou, zodat je je hemelse Vader kunt leren kennen op een manier die je misschien nooit voor mogelijk had gehouden.

Mark legt een solide Bijbels fundament neer over de openbaring van de liefde van de Vader. En door het hele boek heen bouwt hij verder op dit fundament. Je zult vele kostbare en inspirerende waarheden vinden, die je zullen helpen om de verbazingwekkende liefde van God voor jou te begrijpen.

Dit boek zal je ook helpen om sommige dingen te gaan begrijpen die in de weg staan om dieper in deze liefde binnen te gaan. En het geeft je praktische tips om deze zaken aan te pakken. Mark gaat zeer grondig te werk bij het aanpakken van vele van deze hindernissen, en zorgt continu voor wegwijzers om ons terug te wijzen in de richting van de liefde van onze Vader. Ik ben er zeker van dat dit boek je zal helpen op je reis vanuit het denken als een wees naar het vinden van de plaats van rust in je identiteit als een geliefd kind van God.

"Een Vader voor JOU" komt vanuit een plaats in het hart van Mark, waar hij deze waarheden heeft getest en toepast in zijn eigen leven. Het is een samenvatting van zijn eigen levensverhaal met zijn hemelse Vader. En ik wil je echt aanraden het te lezen. Terwijl je dit doet, geloof ik dat je dichter en dichter zult komen bij de liefde waarnaar je je hele leven al hebt gezocht.

Barry Adams - auteur van "Vaders Liefdesbrief" en de oprichter van Fatherheart.tv

Inleiding

Een Vader voor JOU

'Dan zal ik jullie aannemen en jullie Vader zijn, en jullie mijn zonen en dochters – zegt de almachtige Heer.' (2 Corinthiërs 6:17b-18)

Ik ben bevoorrecht vier fantastische kinderen te hebben. Al onze vrienden weten dat ik hun vader ben. Hun vrienden weten dat ik hun vader ben; leraren op school, medewerkers van de bank, collega's - zij weten ook dat ik de vader van deze vier kinderen ben. Veel mensen weten dat ik een vader ben, maar slechts vier mensen weten dit uit ervaring. Deze vier mensen zijn mijn kinderen. Ze hebben met mij geleefd en hebben gedeeld in mijn hoop, dromen en mislukkingen. Zij weten waar ik van houd en hoe ik ben. Zij weten wat ik graag doe, waar ik graag heen ga en welk eten ik lekker vind. Ze weten wat me boos maakt en wat me blij maakt. Zij hebben mijn zorg ervaren, mijn liefde en mijn voorziening. Zij zijn mijn drie dochters en mijn zoon.

Hetzelfde geldt ook voor de kerk. De meeste mensen weten dat God een Vader is op ongeveer dezelfde manier als de mensen buiten mijn familie weten dat ik een vader ben. Zij zijn bekend met dat feit omdat dit ze hebben geleerd, of omdat ze het in de Bijbel hebben gelezen. Maar ze hebben het misschien niet zelf ervaren.

Teveel mensen in de kerk hebben enkel een theologie omtrent God als een Vader maar slechts weinigen hebben echt ervaren dat God een Vader voor hen is.

Zij zijn net zoals mijn kennissen; ze weten dat ik een vader ben maar zij hebben niet de ervaring hoe het is om mij als vader te hebben. Het is het verlangen van Gods hart dat wij Hem zullen ervaren als Vader. God, onze Vader, wil dat we een hart van zoonschap hebben en dat we Zijn liefde zullen kunnen ervaren zoals Jezus dat deed. Tenslotte werden we kinderen van God toen we christen werden.(Johannes 1:12).

Dit boek is een ontdekkingsreis. Het is niet alleen bedoeld om een Bijbels perspectief te bieden op de natuur en het hart van de Vader, maar ook om je te helpen zijn perfecte liefde te ervaren. En de Vader te vinden waar je misschien al je hele leven lang naar op zoek bent. Ik wil je vragen dit boek niet te lezen om kennis te vergaren, maar om het te lezen als een gids, om je te leiden in een diepere persoonlijke openbaring, en in het ervaren van God als jouw Vader.

Ik hoop dat het lezen van dit boek je ertoe zal bewegen tijd te nemen om te rusten in Gods liefdevolle tegenwoordigheid, en dat je zal toestaan dat Zijn liefde jouw hart vult. Zoals dr. Larry Crabb zei: "Voor het begrijpen van de liefde van God is geen preek nodig, alleen een lang bad"[1]. Dit is zo waar!

Moge de ogen van je hart geopend worden, en de oren van je geest, terwijl je dit leest. Zodat je de stem kunt verstaan van de Ene, die je roept. De Ene die altijd Vader is geweest en die een Vader voor jou wil zijn.

Noten:
1. Larry Crabb in 'He loves me', Wayne Jacobsen

Hoofdstuk 1

God is altijd Vader geweest

'In het begin...'
(Johannes 1:1, Genesis 1:1)

Waar begint ons verhaal?

We weten allemaal iets van de achtergrond van onze familie - de plaats waar we geboren zijn of de huizen waarin we hebben gewoond, en de mensen die we kenden. We kennen onze broers en zussen, onze ouders, onze grootouders, onze familie en vrienden. We hebben herinneringen vanuit onze kindertijd van vakanties of wandelingen op zondagmiddag, over school en het opgroeien. Veelal onthouden we de goede dingen. Maar bij ieder van ons zijn er ook pijnlijke gebieden die we het liefste weg zouden stoppen en vergeten. Er zijn ook herinneringen aan pijnlijke gebeurtenissen die ons net zoveel gevormd hebben als de goede tijden.

Als ik terugkijk op mijn kindertijd, komen er vele dierbare herinneringen naar boven. Pas geleden was mijn familie herinneringen aan het ophalen over de zondagmiddagen. We zaten allemaal als haringen in een ton opgepropt in de auto van mijn oom, en reden naar het platteland rond Birmingham. Daar heb ik de eerste paar jaar van mijn leven gewoond. Ik denk dat er ongeveer acht mensen in de auto zaten - niet iets wat je tegenwoordig nog zou doen! Als we dan paardenpoep op de weg zagen liggen, dan riepen we allemaal: "Oom Hedley's emmer!". Mijn oom had altijd een emmer en een schep voor dit soort gelegenheden bij zich zodat hij de mest op kon scheppen en mee terug kon nemen voor zijn tuin.

Ik had gelukkig fantastische ouders die voor mij en mijn zussen zorgden. We waren niet rijk, maar ons geluk was niet afhankelijk van geld. Ik heb drie zussen; een is ouder dan ik, en twee zijn jonger. Toen ik tien jaar oud was (tegen die tijd waren we verhuisd van Birmingham naar Oxfordshire) overleed mijn vader na een auto-ongeluk. Ik geloof dat we het gevoel hadden dat de bodem onder onze voeten vandaan werd geslagen. Het was een gebeurtenis die de toekomst van onze familie op alle fronten heeft bepaald. Ik kan mijn moeder alleen maar eren vanwege de fantastische manier waarop ze ons heeft opgevoed en hoe ze zichzelf heeft gegeven voor ons allemaal.

Ik weet dat veel mensen die dit lezen niet zo gelukkig zijn geweest. Het gezinsleven is misschien iets dat je liever wegstopt en van wegloopt. Het is misschien de bron van pijn en gebroken relaties. Vele harten zijn door dergelijke omstandigheden gebroken. En de teleurstelling, die voortkomt vanuit deze gebrokenheid, hebben misschien een bitter fundament voor onze toekomst gelegd.

Onze individuele verhalen bepalen onze kijk op God. Slechte ervaringen met een natuurlijke vader kunnen ervoor zorgen dat het moeilijk wordt om God te ervaren als een liefdevolle hemelse Vader. Echter, het komen vanuit een goede familie kan het ook moeilijk maken om dicht bij God te komen, omdat we dan misschien denken Hem niet nodig te hebben. God kan een afstandelijk Persoon zijn, onafhankelijk van onze achtergrond.

Hoeveel we ons ook herinneren van onze jonge jaren, dat is niet het begin van ons verhaal. Dat begint heel ver terug in de tijd, zelfs voordat de tijd begon. Vóór de grondlegging van de wereld had God ons al in gedachten (Psalm 139:16). Hij wist alles over ons. Hij wist waar we geboren zouden worden en waar we zouden leven (Handelingen 17:26). Aan de profeet Jeremia werd verteld dat God hem kende voordat hij zelfs in de buik van zijn moeder was. God kent ieder van ons persoonlijk. En, wat nog belangrijker is, Hij heeft ons gemaakt om vriendschap met Hem te hebben.

Dus, ons verhaal begint in het begin.

In de Bijbel is op twee plaatsen "in het begin" prominent aanwezig. In Genesis 1:1 staat geschreven*: 'In het begin schiep God de hemel en de aarde'*. We lezen hoe Hij licht en duisternis schiep, zeeën en het droge land, de zon, de maan en de sterren, planten en bomen, alle soorten dieren. En uiteindelijk, de kroon op de schepping. Hij komt naar de aarde, en uit het stof vormt Hij de mens naar Zijn beeld en gelijkenis.

Het tweede "In het begin" gaat eigenlijk vooraf aan die in Genesis, omdat het ons vertelt over een tijd vóór de grondlegging van de wereld. Johannes 1:1 vertelt ons "In het begin was het Woord en het Woord was bij God en het Woord was God". Dit is de tijd vóór de tijd! Later in het evangelie van Johannes leren we wat meer over deze tijd en wat er gebeurde. We zien wie erbij betrokken waren en wat er allemaal voor ons bedoeld was.

Aan het einde van zijn leven bid Jezus voor zijn discipelen, en voor diegenen die zouden volgen:

'Ik bid niet alleen voor hen, maar voor allen die door hun verkondiging in Mij geloven. Laat hen allen één zijn, Vader. Zoals U in Mij bent en Ik in U, laat hen zo ook in Ons zijn, opdat de wereld gelooft dat U Mij hebt gezonden. Ik heb hen laten delen in de grootheid die U Mij gegeven hebt, opdat zij één zijn zoals Wij: Ik in hen en U in Mij. Dan zullen zij volkomen één zijn en zal de wereld begrijpen dat U Mij hebt gezonden, en dat U hen liefhad zoals U Mij liefhad.
Vader, U hebt hen aan Mij geschonken, laat hen dan zijn waar Ik ben. Dan zullen zij de grootheid zien die U Mij gegeven hebt omdat U Mij al liefhad voordat de wereld gegrondvest werd. Rechtvaardige Vader, de wereld kent U niet, maar Ik ken U, en zij weten dat U Mij hebt gezonden. Ik heb hen Uw naam bekendgemaakt en dat zal Ik blijven doen, zodat de liefde waarmee U Mij liefhad in hen zal zijn, en Ik in hen.' (Johannes 17:20-26)

In deze verzen wordt ons een blik gegeven op de eeuwigheid. Er wordt ons verteld hoe het was vóór de schepping van de wereld, en over onze schitterende toekomst.

Vóór de schepping van de wereld was er al een fantastische eenheid en harmonie in de Drie-Eenheid. De relaties tussen Vader, Zoon en Geest waren volkomen gebaseerd op liefde. Er was geen element van controle of manipulatie aanwezig. Er was geen angst of onzekerheid, en ook was er geen valse loyaliteit. De Drie-Eenheid was compleet in zichzelf. Het was zelfs zo compleet dat God de schepping niet nodig had als een object om lief te hebben. En toch bid Jezus dat wij zullen genieten van- en binnen zullen komen in dezelfde eenheid en dezelfde relatie die de Drie-Eenheid heeft. Jezus' gebed is, simpel gezegd, dat wij zullen zijn zoals Hij!

Voor ons is liefde een eigenschap, maar voor God is het wie Hij is. Wat God ook doet, Hij doet het uit liefde, voor liefde en door liefde. Het was Jezus die kwam om ons bekend te maken met deze liefde.

Het begin van het verhaal is dus perfecte liefde. Alles in de schepping was gemaakt door liefde en voor liefde. Liefde was het fundament van de wereld. Liefde was de kern van leven dat in ons werd geblazen. Zoals in een lied wordt gezegd: "It's love that makes the world go round - Het is liefde dat er voor zorgt dat de wereld draait".[1]

Ons verhaal begint toen een liefdevolle Vader liefde in het menselijk ras inblies. Dit was het waar we voor eeuwig van hadden moeten genieten.

Maar we kennen het verhaal. Helaas bleef de wereld niet zoals Hij gemaakt was. In het begin hadden Adam en Even dezelfde perfecte relatie met de Vader die de Drie-Eenheid had. Ze wandelden samen in de koele avondbries. Ze genoten ervan wanneer hun Vader hen bezocht. Zij hadden de relatie waar wij allemaal zo naar verlangen, maar die we zo moeilijk kunnen bereiken.

We weten niet hoeveel tijd er verstreken is voordat die noodlottige keuze werd gemaakt. Maar op een dag besloten ze om onder de bedekking van de Vader vandaan te stappen en onafhankelijkheid na te streven.

En God stond het toe.

Ik denk dat we ons allemaal weleens hebben afgevraagd waarom God dit liet gebeuren. Natuurlijk had God hen kunnen stoppen. Hij had het ook kunnen negeren of Hij had ze ook kunnen neerslaan en opnieuw beginnen.

Waarom liet Hij het dan gebeuren?

God handelde volkomen in overeenstemming met zijn natuur. Als Hij die noodlottige daad had voorkomen, dan was zijn liefde overheersend geworden. Eigenlijk zou Hij ons dan hebben gedwongen van Hem te houden. En dat is geen liefde. Liefde is een gift. Het is iets dat we vanuit ons hart geven; het wordt uit ons getrokken. We kunnen nooit gedwongen worden om lief te hebben. God begrijpt wat liefde is, want per slot van rekening IS Hij Liefde. Het weet wat echte liefde is. En God wist dat door het stoppen van deze daad van onafhankelijkheid Hij de relatie tussen Hem en ons zou hebben verbroken. Het zou de spontaniteit en de vrije wil weggenomen hebben van waaruit liefde zou moeten voortkomen. Het zou liefde voor altijd een andere betekenis hebben gegeven. God kon dat simpelweg niet doen.

Wij hebben een kat genaamd Muf (afkorting van Mufasa) die het heerlijk vindt om 's nachts bij ons op bed te slapen. De meeste nachten komt hij in onze slaapkamer en gaat lekker liggen op een comfortabel plek aan ons voeteneind. Terwijl de nacht vordert verhuist hij steeds verder naar boven toe. Heel vaak zijn we wakker geworden en vonden we hem precies tussen ons in! Maar we kunnen hem niet *dwingen* om 's nachts op ons bed te slapen. Wanneer we hem rond bedtijd ergens in het huis vinden en we pakken hem op en zetten hem op het bed neer, dan zal hij er steeds afspringen. Hij komt terug op zijn eigen tijd. Hoe leuk we het ook vinden om hem op ons bed te hebben, we kunnen hem niet dwingen om daar te blijven tegen zijn wil.

Hoe graag God ook een liefdesrelatie met ons wil hebben, Hij kan ons niet dwingen van Hem te houden tegen onze wil. Dat zou dwang zijn, en geen liefde.

Toen God Adam en Eva uit de tuin verdreef, en toestond dat ze zouden leven met de consequenties van hun besluit, was dit een daad van liefde. God wist dat, wanneer ze in de tuin zouden blijven, de mogelijkheid bestond dat ze van de Boom des Levens zouden eten, en voor eeuwig zouden leven. Een dergelijk eeuwig leven zou een eeuwigheid zonder God zijn. Het zou betekenen dat ze voor altijd gescheiden zouden zijn van de liefde zoals God die had bedoeld. Het zou betekenen dat ze voor eeuwig in een gebroken staat zouden moeten leven, bewust van hun kwetsbaarheid en zwakheid. God, in Zijn liefde, kon niet aanzien dat dit zou gebeuren, dus dreef Hij ze weg uit de tuin.

En zelfs in deze verbanning zien we een tedere daad van vaderlijke liefde. Toen Adam en zijn vrouw zich bewust werden van hun zonde, bedekten zij zichzelf met kleren gemaakt van vijgenbladeren. Vijgenbladeren! Heb je ooit geprobeerd om iets maken van vijgenbladeren? Vijgenbladeren zijn niet groot en ik kan me voorstellen dat ze kleren gemaakt hebben die de natuurlijke elementen niet lang zouden overleven. Blijkbaar kan het sap in vijgenbladeren ook huiduitslag veroorzaken en dit zou het dragen van deze kleren zeer oncomfortabel hebben gemaakt. Onze Vader buigt nog een keer zijn hoofd en maakt kleren voor hen van dierenhuiden. Ik stel me voor dat Hij hen zag, en medelijden had met hun halfbakken poging om zichzelf te kleden. Ik kan de schreeuw van Zijn hart bijna horen: "Mijn kinderen verdienen beter dan dat!".

Terwijl de mens op weg gaat op zijn reis van onafhankelijkheid verandert God niet. Jesaja 9:6 vertelt ons dat God de Oneindige Vader is. Door de keuze van de mens voor onafhankelijkheid stopte God er niet mee een Vader te zijn. Hij is altijd Vader geweest en zal dat altijd zijn. Niets wat we doen kan dit ooit veranderen. Niets wat we doen zal ervoor kunnen zorgen dat God ophoudt met het geven van zijn Liefde. We kunnen niet veranderen wie Hij is.

Een vader is opeens niet meer een vader omdat zijn kinderen rebelleren. Een vader is een vader voor altijd. Natuurlijk, menselijke vaders zijn niet perfect en hun liefde kan voorwaardelijk zijn, of lijken te zijn. Maar de liefde van de Vader is nooit voorwaardelijk. God stopt niet met het openbaren van Zijn hart aan Zijn kinderen. Hij probeert ze terug te winnen. Hij zorgt voor ze, eeuw na eeuw, Hij leidt ze en wijst ze de weg. Hij beschermt ze. Hij doet alles wat Hij kan om een eind te maken aan hun reis van onafhankelijkheid. Het enige wat Hij niet doet is met geweld een eind maken aan de rebellie. Zoals we hebben gezien zou dat geen liefde zijn geweest. Hij doet alles wat Hij kan om de vonk van liefde in de harten van Zijn mensen te laten ontbranden zodat zij weer terugkomen naar Hem. Maar de rebellie gaat door.

Door heel het Oude Testament klinkt een schreeuw vanuit het hart van onze Vader terwijl Hij probeert zijn kinderen terug te winnen.

'De HEER heeft gesproken: Ik heb mijn kinderen opgevoed en grootgebracht,
maar ze zijn tegen Mij in opstand gekomen.' (Jesaja 1:2)

'Ik dacht: Hoe kan ik je een plaats tussen mijn kinderen geven en je een begeerlijk land

schenken, een sieraad voor de hele wereld? En ik dacht: Jullie zullen ''vader" tegen Mij zeggen, jullie keren je niet van Mij af.' (Jeremia 3:19)

Uiteindelijk openbaarde God zichzelf aan ons in de persoon van Jezus, die de weg voor ons werd om terug te komen bij de Vader. Door heel het Oude Testament heeft God vele namen. Elke naam belicht één van Zijn vele eigenschappen. Maar toen Jezus kwam, openbaarde Hij wie God was - Vader! Jezus vatte de natuur, het karakter en de persoonlijkheid van God samen in één woord. Hij was de enige die God zo intiem kende en Hij kwam om de waarheid over Hem te openbaren. De Vader was de Vader van Jezus, en Hij is ook onze Vader.

Jezus leerde ons dit niet alleen, maar Hij liet ons ook zien wat het inhoudt om een zoon te zijn, zowel van Jozef en Maria als van God. Zoals we later zullen zien definieerde dit zoonschap Jezus niet alleen in wat Hij deed, maar in wie Hij was.

Jezus liet ons zien dat God Vader is. Zoals we weten is dit niet alleen de formele titel "vader", maar het was het intieme, ontspannen en informele "Abba" of "Papa". Zijn dood maakte het voor ons mogelijk om opnieuw terug te keren naar deze intieme relatie met God waarin ook wij Hem "Papa" kunnen noemen.

In Johannes 14:18 staat geschreven dat Jezus zei: "Ik zal u niet als wezen achterlaten" - een vers dat we later meer in detail zullen onderzoeken. Dit vers wordt vervolgd met een belofte dat onze harten het huis van de Vader kunnen worden (Johannes 14:23). De Vader heeft er veel moeite voor gedaan om ons te laten zien dat de essentie van zijn natuur niet veranderd is. Hij is de Eeuwige Vader.

Dus, hoe is deze Vader dan?

Toen Mozes aan God vroeg hoe Hij was, werd hij meegenomen op de berg Sinai om het antwoord te vinden. Terwijl Gods tegenwoordigheid neerdaalde in een wolk, en Hij hem passeerde, sprak God, en openbaarde Hij Zijn natuur:

'De HEER ging voor hem langs en riep uit: 'De HEER! De HEER! Een God die liefdevol is en genadig, geduldig, trouw en waarachtig, die duizenden geslachten zijn liefde bewijst, die schuld, misdaad en zonde vergeeft, maar niet alles ongestraft laat en voor de schuld van de ouders de kinderen en kleinkinderen laat boeten, en ook het derde geslacht en het vierde.'
(Exodus 34:6-7)

Te vaak blijven we hangen in het laatste deel van deze verzen. We zien God als veroordelend, altijd op zoek naar onze zonden. Om ons vervolgens te bespringen, om een eind te maken aan al onze imperfecties. Misschien leven we in angst voor Zijn woede, waarin Hij ons voor eeuwig in de buitenste duisternis zal werpen. Er komt een dag des oordeels en zij die nooit bij Hem zijn gekomen voor vergeving zullen voor altijd van Hem gescheiden zijn. Maar we leven nu in de tijd van de genade. Nu is de tijd waarin we Hem kunnen zien zoals Hij is. En zijn overvloeiende liefde mogen ontvangen.

God is bewogen en liefdevol. Hij is vol van genade en wordt niet snel boos. Hij staat met Zijn armen wijd open, klaar om Zijn kinderen te ontvangen. Om ons te overladen met liefde en zegeningen. Hij is niet afstandelijk en boos, het is Zijn hart om te vergeven en ons te ontvangen.

Jezus is het exacte evenbeeld van God. Om te zien hoe de Vader is, kunnen we kijken naar het leven van Jezus. Hij ontmoette mensen in hun nood. Wanneer ze ziek waren, genas Hij hen. Toen de wijn tijdens de bruiloft op raakte, voorzag Hij in overvloed. Wanneer zij, die pijn hadden, troost nodig hadden, troostte Hij ze. En zo is het ook bij de Vader. Hij ontmoet ons in onze noden en doet een beroep op ons hart om onze diepste verlangens te kunnen vervullen. Hij is niet alleen bezig met de oppervlakkige zaken maar Hij is geïnteresseerd in de kern van ons wezen.

Het verlangen van de Vader is dat we worden zoals Jezus. Terwijl we met de Vader wandelen worden we zoals Zijn Zoon, Jezus. Dit is geen last; het is een relatie. We hebben dezelfde toegang tot de Vader die Jezus ook had. En we kunnen dus zelf bij Hem komen, en met Hem praten zoals een zoon of dochter met zijn of haar vader praat.

God dwingt ons niet om van Hem te houden. Hij kan dat niet doen omdat dit tegen Zijn eigen natuur ingaat. Het enige wat Hij doet is van ons houden. En terwijl Hij dit doet vloeit Zijn liefde uit ons. Hij eist geen gehoorzaamheid maar terwijl we van Hem houden beginnen we Hem te gehoorzamen. Dit is een natuurlijk verloop; gehoorzaamheid wordt niet van ons verlangd, maar dit is wel een gevolg wanneer we God antwoorden met onze liefde. We kunnen alleen van Hem houden omdat Hij ons eerst heeft liefgehad. Het pogen om God te behagen kan leiden tot wetticisme en religie, maar Hem antwoorden vanuit liefde is vrijheid. Zijn uitnodiging aan ons is om in vrijheid te wandelen als Zijn zonen en dochters.

God is echt onze Vader. Hij weet alles over ons. Hij heeft de dag uitgekozen waarop we geboren zouden worden en de plaatsen waar we zouden wonen. Hij maakte ons in de buik van onze moeder. Hij is de Vader van onze geest. Hij had ons al in Zijn hart bedacht voor het begin van de tijd. Niet één van ons is een foutje.

God is altijd Vader geweest, en Hij zal altijd Vader zijn. Het verlangen van Zijn hart is om een Vader voor jou te zijn!

Noten:
1: Door Bob Merrill - 1961

Hoofdstuk 2

Verlossing van het hart van een wees

'Ik zal u niet als wezen achterlaten.'
(Johannes 14:18)

God heeft een plan. In feite is het veel meer dan een plan. Het is het verlangen van Zijn hart.

Toen God de wereld maakte, en alles wat daarin is, deed het dit met een reden. Hij verveelde zich niet en Hij was ook niet eenzaam. Hij had het zeker niet nodig iets te vinden om Zijn tijd mee door te komen en om Zich bezig te houden. De Drie-Eenheid was compleet in zichzelf. Maar de liefde en de eenheid die de Vader, Zoon en Geest hadden was bedoeld om gedeeld te worden met een familie. De wetenschap dat alles fout zou gaan zou misschien voor ons genoeg zijn geweest om af te zien van een dergelijk plan, maar niet voor God. Hij wilde een familie en Hij wil een bruid voor zijn Zoon.

Gods oorspronkelijke bedoeling was dat Hij voor eeuwig zou genieten van ons, en wij van Hem. Wanneer we de Bijbel lezen zonder filters of vooroordelen dan is het echt verbazingwekkend wat Hij over ons zegt.

'U komt alle lof, eer en macht toe, Heer, onze God, want U hebt alles geschapen: Uw wil is de oorsprong van alles wat er is.' (Openbaring 4:11)

'...allen over wie Mijn naam is uitgeroepen, en die Ik omwille van mijn majesteit geschapen heb, gemaakt en gevormd.' (Jesaja 43:7)

'In Hem is alles geschapen, alles in de hemel en alles op aarde, het zichtbare en het onzichtbare, vorsten en heersers, machten en krachten, alles is door Hem en voor Hem geschapen.'
(Colossenzen 1:16)

Ieder van ons is gemaakt omdat Hij ons wilde. Te vaak geloven wij dat het 'alles', wat we lezen in Openbaring 4:11, niet over ons gaat. We stellen ons God voor als Iemand die vreselijk blij is met de geschapen natuur, maar het lijkt wel alsof de schepping van de mens Hem niets dan ellende heeft gebracht. We stellen ons voor dat Hij ervan geniet om naar de bergen en de bossen te kijken, of naar de zeeën en meren, maar dat Hij minachtend naar ons kijkt. We zien dat Hij blij is met de gehele aarde maar dat Hij het oordeel velt over de mensheid.

Alhoewel alles gemaakt is omdat Hij dat wilde, betekent het feit dat het een gevallen wereld is geworden, en dat de natuur van de mensheid eveneens gevallen is, dat er veel dingen zijn die Zijn hart bedroeven. Hij geniet ervan wanneer wij Hem groot maken en Hem een plezier doen. Wanneer wij aangeraakt worden door zijn liefde worden we ons bewust van de glorie die op ons rust, en kunnen we binnengaan in de grootse erfenis die Hij heeft voor zijn kinderen.

Wanneer God zegt dat Hij ALLES wilde, dan bedoelt Hij ook alles. Zelfs ons! Wij zijn gemaakt omdat God ons wilde, Hij geniet zelfs van ons gezelschap. Hij geniet ervan om bij ons te zijn en betrokken te zijn bij ons dagelijks leven. Er is niets dat te klein of onbelangrijk is voor Hem. Colossenzen 1:16 vertelt ons dat alle dingen gemaakt zijn door Hem en voor Hem.

Mijn vrouw en ik genieten er echt van als onze familie bij ons is. De meiden zijn vaak weg van huis, maar het is echt genieten wanneer ze op bezoek komen. Wanneer we met z'n zessen bij elkaar zijn, dan is het fantastisch om onze vier kinderen met elkaar te zien praten en de laatste nieuwtjes te horen uitwisselen. Wij genieten ervan om achterover te leunen, en te zien hoe de familie met elkaar omgaat. Hoeveel groter is het plezier van God wanneer Hij kan genieten van het gezelschap en de vriendschap van zijn kinderen. Het bevredigt zijn hart wanneer Hij zijn familie bij zich heeft.

Niemand is hiervan buitengesloten. Er zijn geen tweederangs burgers in het Koninkrijk van de Hemel. Iedereen van ons kan bij de Vader komen en weten dat Hij ons accepteert, van ons houdt en ons welkom heet in zijn familie. Je hebt misschien het gevoel dat de Vader niet van jou kan houden, of dat de verkeerde dingen die je hebt gedaan te erg zijn geweest om ooit nog in zijn aanwezigheid te kunnen komen. Zijn liefde overbrugt deze kloof en jij bent welkom. Hij wil net zo graag woning maken in jouw hart als in het hart van de volgende persoon. Er is niets wat jij kunt doen of hebt kunnen doen, dat je buiten zijn liefde zou kunnen plaatsen. JIJ bent gemaakt omdat Hij je wilde, Hij geniet van je. Jij bent gemaakt om Zijn Naam groot te maken.

Niet alleen zijn wij gemaakt omdat Hij ons wilde en van ons geniet, maar we zijn ook gemaakt om te worden als zijn Zoon, Jezus. In Romeinen 8:28-29 lezen we dat zij, die geroepen zijn door God, voorbestemd zijn om te worden als Jezus. Dit betekent dat de Vader het altijd al in zijn gedachten heeft gehad dat wij zouden zijn zoals Jezus. Niet als een sjabloon, maar zoals Jezus: qua karakter en liefde. God heef geen computer-chip in ons gestopt en ons geprogrammeerd om een exacte replica te worden. Zodat we allemaal dezelfde persoonlijkheid zouden hebben, en niet in staat zouden zijn om zelfstandig na te denken. Hij heeft ieder van ons geschapen om volkomen uniek te zijn, met een eigen fantastische persoonlijkheid. Het zijn zoals Jezus betekent het hebben van dezelfde hartsgesteldheid, het zijn van een zoon of dochter voor de Vader, en Hem lief te hebben met ons hele hart, ziel en verstand. Het worden zoals Jezus is niet is wat we bereiken door hard ervoor te werken, maar het is een cadeau, gegeven aan ons door de genade van Jezus. Onthoud, wij kunnen alleen liefhebben omdat Hij ons eerst heeft liefgehad. Zijn zoals Jezus is een antwoord op de liefde van de Vader in ons hart.

Alhoewel de Drie-Eenheid compleet was in zichzelf, was het Gods plan dat wij zouden delen is deze volheid en eenheid. In Johannes 17 bidt Jezus dat de liefde, die de Vader heeft voor Hem, ook in ons zal zijn. Omdat Jezus altijd overeenkomstig de wil van zijn Vader bidt, kunnen wij er zeker van zijn dat dit gebed wordt beantwoord. Wij zijn geliefd op dezelfde manier en met dezelfde liefde waarmee Hij Jezus heeft liefgehad. Wauw! De schoonheid en intimiteit van de relatie, die er was vóór het begin van de tijd, is onze erfenis. Dit is waarvoor we gemaakt zijn.

God geniet enorm van al zijn kinderen. Niemand is buitengesloten uit zijn liefde. Wij zijn allemaal gemaakt omdat Hij ons wilde en van ons geniet.

Terwijl we lezen in Genesis 1 zien we de kracht van het gesproken woord van God: "Er zij licht", en het was er! Terwijl de Vader scheppende woorden sprak, bracht de Zoon het tot realiteit. Maar op de 6^e^ dag deed God meer dan het uitspreken van een simpel commando. In plaats daarvan zei Hij: "Laat Ons mensen maken naar Ons beeld en gelijkenis". Laat Ons, dat duidt op betrokkenheid van alle 3 Personen binnen de Godheid. God kwam naar de geschapen aarde en begon iets heel vreemds te doen. Hij verzamelde een hoopje stof en begon daar vorm aan te geven.

Ik heb zandkastelen op het strand gemaakt (niet een van mijn favoriete bezigheden), en je hebt echt het juiste type zand nodig. Het moet vochtig genoeg zijn, maar niet te nat. Het moet stevig in een emmer worden gedrukt, maar ook weer niet te stevig. Zandkastelen zijn een uitdaging voor iedere vader.

Maar hier maakt de Vader iets uit stof. Hij vormde het totdat Hij tevreden was met de vorm.

Toen blies Hij er leven in. The Message legt dit moment vast (Genesis 2:7). De levensadem kwam rechtstreeks vanuit de Vader, dit moet een heel intiem moment zijn geweest. Zijn leven kwam in ons en gaf ons leven. Wij werden zijn kinderen.

Dit was het begin van het menselijk ras. Geschapen omdat de Vader het wilde, gemaakt naar het beeld en gelijkenis van Jezus. En dragende de Geest van God, op zo'n intieme manier in ons geblazen.

Maar het ging fout, helemaal fout.

Er is een vijand die probeerde om Gods plan te vernietigen. Om de schitterende schepping, gemaakt door een liefdevolle Vader, te ruïneren. Openbaringen 12:7 vertelt over de strijd die zich in de hemel afspeelde. Michael, de grote strijdengel, vocht tegen Satan en zijn rebellerende engelen. Satan was niet sterk genoeg en Hij verloor zijn plaats in de hemel. Hij werd op de aarde geworpen. En sindsdien is hij bezig om de hele wereld op het slechte pad te brengen. Satan keerde zichzelf tegen God. Hij wilde God zelf zijn. Hij wilde Gods plaats voor zichzelf . In Jesaja 14:13-14 wordt zijn verlangen samengevat in 5x "ik zal":

'Ik zal opstijgen naar de hemel
Ik zal mijn troon boven die van God plaatsen
Ik zal tronen op de berg van de samenkomst
Ik zal opstijgen tot boven de wolken
Ik zal mijzelf als de Allerhoogste maken.'

Satan wilde niet gelijk zijn aan God, hij wilde superieur zijn in de schepping. Hij faalde. Hij werd uit de aanwezigheid van God gegooid. Voor altijd en eeuwig stapte hij uit Gods Vaderschap en liefde. Hij zal nooit meer zijn positie als een van de machtige engelen van de Heer der Heerscharen terug krijgen. Hij werd met kracht verwijderd.

Nou, we weten hoe het verhaal verder gaat. Met de verleiding van de vrouw (terwijl Adam naast haar stond), het verlangen naar onafhankelijkheid, en het zwichten voor de leugens van de slang. In het beeld van twee gebroken mensen, die verbannen worden uit de aanwezigheid van de Vader, zien we een volkomen afscheiding van liefde. Het lege hart van een wees daalde op hen neer. En door hen heen op het gehele menselijke ras. Alle troost, bemoediging en zorg, die ze hadden gekend, was nu verloren gegaan!

Nadat Kain zijn broer had vermoord, werd hij verbannen, en moest hij rusteloos op aarde ronddwalen. Hoe leeg moet zijn hart gevoeld hebben.
Dezelfde leegheid heeft zich in elk van onze harten genesteld omdat ook wij buiten Gods perfect plan zijn geplaatst. Totdat onze harten thuiskomen bij de Vader dwalen ook wij rusteloos door het leven. We weten dat er een leegte in ons is, dat naar meer verlangt. We weten dat het niet zo bedoeld moet zijn, maar op de een of andere manier ontgaat de waarheid ons. We kunnen niet vinden waar we naar op zoek zijn. We hebben allemaal de gevallen natuur van de

mens op ons genomen en zijn uit Gods zorg en liefde gestapt.

Maar er is een belofte.

Het Oude Testament eindigt met een blik op een mooiere dag, een dag wanneer de harten van de kinderen opnieuw zullen terugkeren naar het hart van de Vader. Er is hoop.

En dan verschijnt Jezus op het toneel. Hij komt van de Vader om de weg voor ons te worden. Om thuis te komen bij de Vader. Hij komt om licht en leven te brengen in een duistere wereld. Hij roept de werken van Satan en zijn ogenschijnlijke heerschappij een halt toe. Hij komt om voor eens en voor altijd de werken van de boze te vernietigen en Hij maakt het mogelijk voor ons om weer in relatie met Vader te komen.

In het vorige hoofdstuk zagen we hoe de verbanning van Adam en Eva uit de tuin een daad van Gods liefde was. Het voorkwam dat ze van de Boom des Levens zouden eten, en voor eeuwig gescheiden van God zouden moeten leven. Jezus laat ons een andere extreme daad van liefde zien: Hij nam al onze zonden en hing aan een ruw houten kruis. Hij stierf de meest gruwelijke dood van die dagen. En, het ergste van alles, Hij voelde zich volkomen afgescheiden van zijn Vader. Maar deze daad van liefde bracht een einde aan onze gevallen staat. Toen het gordijn in de tempel in tweeën was gescheurd, brak God uit de Tempel en begon te leven in harten van mannen en vrouwen. Dit was altijd al zijn plan geweest, Hij heeft nooit gewild dat Hij gebonden zou zijn aan een Tempel. Jezus stierf aan een kruis zodat de liefde van de Vader in onze harten vrij gezet kon worden. Hij kan wederom komen en woning maken in onze harten.

God is de Eeuwige Vader. Zijn plan is nooit veranderd; Hij heeft geen plan B. Zijn plan was het om in relatie en vriendschap te leven met Zijn kinderen. Hij wist dat we verkeerde keuzes zouden maken, en Hij had dit kunnen voorkomen. Maar zoals we hebben gezien zou dit tegen zijn natuur in gegaan zijn. Wij waren objecten van Zijn toorn (Efeze 2:3), maar nu zijn we levend gemaakt in Christus. We waren verloren, maar nu zijn we terug gevonden.

In Johannes 14:18 zegt Jezus dat we niet als wezen achtergelaten zullen worden. Op een bepaalde manier lijkt deze tekst hier niet echt op zijn plek omdat Jezus praat over zijn dood en de komst van de Heilige Geest. Maar Jezus weet dat het door Zijn dood voor ons mogelijk wordt om weer terug te komen in de relatie met de Vader. Hij weet dat het doek, dat ons scheidt van God in tweeën gescheurd zal worden, en dat zijn woning opnieuw in onze harten kan zijn. Jezus weet dat de Heilige Geest een Geest van zoonschap is, die ons in staat stelt om te roepen: "Abba, Vader". Hij kan zien dat het einde van ons wees-zijn op handen is, en dat de leegheid in onze harten zal veranderen. Zodat we gevuld kunnen worden met de liefde van de Vader. Hij is in staat om namens zijn Vader te zeggen: "Ik zal jullie niet als wezen achterlaten, ik zal bij jullie komen".

Jezus kwam opdat ons verweesde hart verlost kon worden.

Zijn plan is het nog steeds om in vriendschap en relatie te leven met zijn kinderen. Er is niets veranderd. God is vastberaden om zijn plan uit te voeren, niet door geweld maar in liefde, perfecte liefde. Hij heeft voor ons een weg gebaand om terug te komen bij Hem, niet door onze eigen werken maar door het offer van Zijn Zoon. Ondanks onze tekortkomingen geniet Hij nog steeds van ons. Hij verheugt zich in jou!

Hoofdstuk 3

Onze reis naar de liefde

Ons leven is een reis.

Eigenlijk zijn het twee reizen. Die zo door elkaar heen lopen dat we niet langer meer weten welke reis de echte is.

Veel van onze tijd en energie wordt gespendeerd aan ons dagelijks leven. We zijn druk bezig met wat we doen, wat we proberen te bereiken of willen worden. We willen het goed doen op ons werk, zelfs wanneer dat alleen betekent dat we regelmatig aanwezig en op tijd moeten zijn. We willen er goed uitzien, zowel in ons uiterlijk voorkomen als in de dingen die we willen bereiken. We willen gezien worden en we willen dat er goed over ons wordt gedacht. We houden van de goedkeuring van andere mensen. Het wordt belangrijk voor ons dat het eruit ziet alsof we alles goed voor elkaar hebben (maar onthoudt, het moet er alleen maar zo uitzien!).

Dit is de externe reis. Dat is wat iedereen ziet - onze familieleden, de mensen op ons werk en zelfs in de kerk. Mensen kijken altijd naar ons en wachten erop om te zien hoe we werkelijk zijn. Ze kijken en monitoren onze doelen en ons gedrag. Ze willen zien hoe we omgaan met druk en, vaak, hoe we het doen in vergelijking met hen. Omdat deze reis zo publiekelijk is, zijn we misschien gaan geloven dat dit de meeste belangrijke reis is. Het duurt niet lang voordat deze reis alles overneemt.

Deze reis stelt de vraag: "Wie ben ik?"

Dan is er ook nog de tweede reis. Die vele malen belangrijker is dan de externe reis, maar die niet zo duidelijk gezien en begrepen wordt. Dit is de interne reis van ons hart. Dit is waar de echte "ik" is. Het is de plaats waar mijn worstelingen en successen echt gevonden worden. Het is de plaats waar ik kan beginnen met het horen van de stem van de Ene, die mij roept in een intieme relatie. Deze reis is verborgen, maar definieert ons in een veel reëlere manier dan de externe reis van ons dagelijks leven. Het is de reis die ons vormt tot wie we zijn en waar we werkelijk naar toe gaan. Het is deze reis die zoveel meer betekenis en waarde heeft dan de externe reis.

Net zoals de eerste reis stelt ook deze reis de vraag: "Wie ben ik?"

Beide reizen stellen dezelfde vraag, maar het antwoord kan heel verschillend zijn. Het antwoord van de externe reis zal niet de diepe verlangens van ons hart vervullen. Het bereiken van alle juiste doelen zal nooit ervoor zorgen dat we het ultieme doel bereiken omdat er altijd een volgend doel zal zijn om te bereiken. Het is net zoals het beklimmen van een berg. Er zal altijd een volgende top opdoemen aan de horizon. Op het moment dat we aan de verwachtingen van andere mensen hebben voldaan, zullen zij de doelen verzetten en meer bij ons neerleggen. Het gevoel van voldaanheid is slechts tijdelijk. We voelen ons misschien voor een moment voldaan, maar het ebt weg en laat ons opnieuw zoekend achter.

De diepste verlangens van ons hart zullen alleen dan vervuld worden wanneer we ontdekken waarvoor we gemaakt zijn.

We zijn allemaal op zoek naar liefde. Ons probleem is niet zozeer dat we zoeken, maar meer de plek waar we de antwoorden proberen te vinden. Er zijn vele afgoden die schreeuwen om onze aandacht en tijd. Zij proberen ons te verleiden met de aantrekkingskracht van de gemakzucht en snelle bevrediging. Op de lange termijn bevredigen zij ons niet en laten ons achter met een verlangen naar meer. Deze "valse liefdes" zijn van korte duur en hebben het nodig om constant gevoed te worden.

Voor mannen kan een baan, sport, alcohol of zelfs de kerk een afgod worden. Ons werk kan als een god voor ons worden met het najagen van de goedkeuring van anderen en het voldoen aan hun verlangens. Het kan een plek worden waar we vervulling vinden of wat een mogelijkheid wordt om te ontsnappen aan de dagelijkse, vaak saaie, routine van het familieleven. Een baan kan ons onze identiteit geven – het kan definiëren wie we zijn. Ons zekerheid bieden en een gevoel van welbehagen. Maar het plezier is slechts van korte duur. Het duurt totdat de doelen voor de volgende maand alle behaalde resultaten naar de achtergrond laten verdwijnen. Voor vrouwen kan kleding, mode of voedsel een afgod zijn. Deze zorgen ook voor vervulling op de korte termijn, maar ook zij kunnen niet de diepe verlangens vervullen. Dit plezier is eveneens van korte duur. En wanneer de mode verandert, gaan de ontevredenen verder.

We kunnen uren, zo niet jaren, verspillen met het najagen van deze externe reis en steeds ontevredener worden over het gebrek aan enig blijvend gevoel van betekenis van het leven. Het gevoel van welzijn blijft ons ontglippen.

Er is echter een plaats waar we kunnen komen, en waar de diepste verlangens van ons hart vervuld zullen worden. In feite is het niet een plaats maar een persoon. Deze persoon is God de Vader. 1 Johannes 4:16 zegt ons dat God liefde is. Liefde is niet één van zijn vele eigenschappen. Het is wie Hij is. Het is de kern van Zijn wezen. De volledige expressie van liefde kan gevonden worden in een persoon. Hij is niet een volgende plaatsvervanger of vervalsing, en ook niet een korte-termijn liefde. Hij is de echte liefde. Alles wat God doet, doet Hij uit liefde en voor liefde.

De liefde van de Vader drijft alle angst uit. Hoe vaak maak jij je zorgen over de toekomst? Is God aanwezig in jouw plannen en verlangens? Perfecte liefde drijft angst uit, dus met Hem kan elke vorm van bezorgdheid over de toekomst aangepakt worden. Het was vanwege Gods liefde voor ons dat Hij zijn enige Zoon, Jezus, gezonden heeft om onze zonden op te ruimen. En om af te rekenen met de schade, die zij aangericht hebben in onze relatie met God (1 Johannes 4:10). Het is enkel en alleen deze perfectie liefde die een antwoord kan geven op de vraag "Wie ben ik?" zoals we direct zullen zien.

God laat ons op vele manieren zijn liefde zien. De grootste daarvan was het zenden van Jezus, om ons opnieuw terug te winnen. Er zijn vele andere manieren waarop Hij zijn liefde aan ons toont, en deze zijn allemaal gratis beschikbaar voor ons.

Hier volgen er een aantal: Hij is machtig om te redden, Hij verheugt zich in ons (Zefanja 3:17). Hij zorgt voor ons zoals een herder zorgt voor zijn schapen (Jesaja 40:11). Hij komt naar ons toe en wist alle tranen van onze ogen af (Openbaring 21:3-4). Hij is dichtbij de gebrokenen van hart (Psalm 34:19). Hij heeft ons gemaakt in de moederschoot (Psalm 139:13). Hij bemoedigt ons (2 Thessalonicenzen 2:16). Hij denkt aan ons (Psalm 139:17).

Dit is niet een volledige lijst, maar slechts een aan aantal van de praktische manieren waarop God zijn liefde aan ons toont. Dit zijn niet theoretische mogelijkheden, maar dagelijkse reële uitingen van zijn liefde. Waarom zou je niet, de volgende keer dat je weer een gebroken hart hebt, een moment de tijd nemen en Hem vragen te komen en de tranen van je ogen te wissen! Wanneer je worstelt met afwijzing of angst, vraag Hem om Zijn zorg aan je te tonen, net zoals een herder zorgt voor zijn kudde. Vraag het Hem, alleen of samen met enkele goede vrienden. Je zult niet teleurgesteld worden want Hij geniet ervan zijn liefde over zijn kinderen uit te storten.

Dit is geen hogere wiskunde. Het lijkt simpel en dat is het ook! Maar soms kan onze trots in de weg staan om te komen met het kinderlijk geloof waar Jezus over vertelt. Gods liefde kan niet worden verkregen door middel van een formule of doordat wij het verdienen. Het is beschikbaar simpelweg omdat God liefde is.

We hebben allemaal liefde nodig. In de ideale situatie zou die het fundament van ons leven moeten zijn. Maar op ons levensreis ontvangen velen van ons niet de liefde die we nodig hebben. Onze vaders en moeders zouden ons een fundament van liefde hebben moeten geven, maar in een gevallen wereld slagen zelfs de beste menselijke ouders er niet in hun kinderen die kwaliteit van liefde te geven zoals God dat bedoeld had. Waar het fundament ontbreekt, richten we ons vaak ergens anders op om te proberen datgene te vinden wat we niet hebben.

Onze behoefte aan liefde drijft ons ertoe bevestiging te zoeken op allerlei plaatsen en van allerlei mensen. Het is een zoektocht naar waarde en acceptatie. We hebben het nodig te weten dat iemand ons graag ziet, zelfs wanneer dit vanwege hele verkeerde redenen is. Dit alles laat ons leeg achter en de fundamentele schreeuw van ons hart blijft onbeantwoord.

De waarheid is dat we allemaal geliefd zijn met een eeuwig durende liefde (Jeremia 31:3). God trekt ons naar Zich toe met zijn liefde en vriendelijkheid. Zijn liefde is onvoorwaardelijk. Het is zijn liefde die ervoor zorgt dat we volkomen veilig zullen zijn wanneer we verborgen worden in Hem (Psalm 32:6). Hij wordt ons licht en onze verlossing en we hoeven niet bang te zijn (Psalm 27:1). God heeft een perfect plan voor ons. Een goed plan dat ons voorspoed geeft. Niet om ons kwaad te doen maar om ons hoop en een toekomst te bieden (Jeremia 29:11).

Het is de vervulling van ons diepste verlangen naar liefde waar we allemaal naar op zoek zijn. Wij zijn het ons misschien niet bewust, maar dit is onze grootste behoefte. Het antwoord op de vraag "Wie ben ik?" wordt gevonden wanneer we ondergedompeld worden in liefde. Onze echt identiteit ligt niet in wat voor werk we doen en hoe hoog we opgeklommen zijn op de sociale ladder. Onze echte identiteit wordt gevonden wanneer we weten dat we geliefd worden door Vader God. Waarde wordt gevonden in het gekend worden door een ander. Wanneer we echt gekend worden, voelen we ons bevestigd. En dan kunnen de eenzaamheid en het isolement, waarin we leven, beginnen te verdwijnen.

We hoeven niet te proberen deze liefde te verdienen. Het is een volledige gift vanuit genade. Om te kunnen beginnen met deze interne reis van ons hart, moeten we alle "moeten" en alle "verplichtingen", die ons neerdrukken, loslaten. We kunnen Gods liefde niet ervaren door ons te houden aan regels of door deel te nemen aan een religieus programma. We kunnen Zijn liefde alleen ervaren door het ontwikkelen van een relatie met Hem. Relaties leggen geen regels en structuren op, zij zijn een stroom van leven! De externe reis is egocentrisch. Terwijl daarentegen op de interne reis de Persoon, die liefde is, centraal staat.

Laat me dit hoofdstuk eindigen met een heel bekend vers:

'Bedenk toch hoe groot de liefde is die de Vader ons heeft geschonken! Wij worden kinderen van God genoemd, en dat zijn we ook. Dat de wereld ons niet kent, komt doordat de wereld Hem niet kent.' (1 Johannes 3:1)

De Vader houdt niets achter wanneer Hij zijn liefde over jou en mij uitstort. Het noemt ons zijn kinderen. De reis van jouw hart gaat over het vinden van de Ene, die zoveel van jou houdt dat Hij elk moment van de dag zijn perfecte liefde over je uitstort. Dit is onmetelijke buitensporigheid!

Voordat je verder leest wil ik je vragen een moment te nemen om bij jezelf na te gaan welke reis jij aan het najagen bent. Wanneer je weet dat je de externe reis aan het najagen bent, stel jezelf dan de vraag: "Ben ik echt tevreden?"

Wees eerlijk. En neem dan nog een moment om aan Vader God te vragen zijn liefde over jou uit te storten.

Hoofdstuk 4

Ik zal een vader voor JOU zijn

'Dan zal Ik jullie aannemen en jullie Vader zijn, en jullie Mijn zonen en dochters – zegt de almachtige Heer.' (2 Corinthiërs 6:17b-18)

Sta er eens een moment bij stil hoe het geweest moet zijn voor Adam en zijn vrouw, geschapen als volwassenen, levend in perfecte liefde en genietend van een vriendschap met hun Schepper en Vader. Het ontbrak hen aan niets. Ze waren volkomen afhankelijk van God en keken naar Hem om te voorzien in hun noden. Het was een eenvoud in relatie die, zoals we weten, verloren is gegaan. Het goede nieuws is: wij kunnen dit weer opnieuw terugwinnen.

Terwijl we opgroeien in een gevallen wereld, beginnen we muren rond onze harten op te bouwen. We worden pijn gedaan door onze familie, op school en op ons werk. En daarom proberen we onszelf te beschermen tegen meer pijn. We hebben een vorm van gedrag ontwikkeld die ons in staat stelt in veiligheid te blijven. We leren de sociale etiquette, die ons in staat stelt ons sterk voor te doen, maar die ons niet in staat stelt ons hart te delen. We ontwikkelen gaven en mogelijkheden die ervoor zorgen dat we ons eigen ding kunnen doen en onafhankelijk worden.

Opgroeien brengt een grotere mate van onafhankelijkheid voort, en voor een deel is dit de waarheid. Echter, wanneer we groeien als christen, dan is Vaders verlangen voor ons niet onafhankelijkheid maar een grotere afhankelijkheid van Hem.

God is trouw en geeft het niet op waar het ons betreft. Zijn verlangen is dat we leven in een relatie met Hem. En vooral dat we weten dat Hij een Vader voor ons is.

Door het hele Oude Testament heen wordt er een schreeuw gehoord vanuit het hart van de Vader. Waaraan door Jezus in Johannes 14:18 woorden worden gegeven: "Ik zal u niet als wezen achterlaten, Ik kom bij u terug". God wilde ons niet achterlaten in deze verlaten staat, want Hij kon ons simpelweg niet vaderloos achterlaten. Hij wilde alles herstellen wat ons door de zondeval afgenomen was. Dus probeerde Hij continu Zijn mensen terug naar Hem te trekken. Wat Hij echt wil is in ons hart leven. En voor God is dit belangrijker dan onze offers.

We krijgen vele inkijkjes in het hart van de Vader wanneer Hij probeert zijn kinderen opnieuw te omarmen. De Psalmen staan vol met tedere beloftes over Zijn liefde en zorg. Hij verklaart zelfs dat Hij een Vader voor de vaderlozen zal zijn (Psalm 68:6). De grote profeet Jesaja begint met een verklaring vanuit het hart van God, dat Hij het was die de Israëlieten had opgevoed als kinderen en voor ze gezorgd had, terwijl zij zich van Hem afgekeerd hadden.

Er zijn twee kleine woordjes die mijn begrip ten opzichte van God, en de manier waarop ik met Hem omga, volkomen veranderd hebben. Het zijn doodnormale woorden, die we elke dag wel duizend keer gebruiken! Het zijn de woorden "voor jou" in 2 Corinthiërs 6:18 – "Ik zal een Vader **voor jou** zijn". Dit vers kan de theologie omtrent het Vaderhart van God rechtstreeks in onze harten brengen. Het kan al onze ideeën en theorieën heel persoonlijk maken. Het kan ons perspectief en onze kennis van God veranderen, en een overdracht van leven worden.

Gods liefde moet immens persoonlijk worden. Alhoewel Hij de Vader van de schepping is en de Vader van de gehele mensheid, is Hij niet afstandelijk of ver weg. Hij is niet te druk met het besturen van het universum om zich druk te maken om jou. Hij is geïnteresseerd in een persoonlijke en intieme relatie met jou.

Deze openbaring is voor iedereen. Te vaak hoor ik mensen zeggen dat ze de betekenis van de boodschap van het Vaderhart voor zichzelf niet zien. Ze vertellen me dat ze goede ouders hebben gehad, die goed voor ze gezorgd hebben. Die ervoor gezorgd hebben dat ze veilig waren, en een goede basis meekregen. Zulke families zijn een fantastische zegen en een enorme erfenis. Maar de gevolgtrekking dat de liefde van de Vader alleen is voor de verwonde mensen en de gebrokenen van hart, slaat de plank volledig mis. Er staat nergens in de Bijbel dat God zijn hart alleen openbaart aan diegenen die wij verwond of gebroken noemen. Wat er wel staat is dat zij met een hart als van een kind de mysteries van het Koninkrijk kunnen begrijpen. De waarheid is dat wij allemaal gebieden in ons leven hebben waar herstel en genezing nodig is. Waar we het nodig hebben dat Vaders liefde komt en ons vult. We kunnen proberen deze gebieden te verbergen, of misschien terughoudend zijn om het hart op de tong te dragen, maar ieder van ons heeft dergelijke wonden.

Zelfs de meeste perfecte mens, die ooit heeft geleefd, had het nodig om te weten dat zijn Vader van Hem hield. Op twee specifieke momenten heeft God hardop woorden van bevestiging uitgesproken naar zijn Zoon, Jezus. Het kan niet goed zijn dat wij onszelf buitensluiten van zijn liefde terwijl het de bron van leven voor Jezus was.

Er is nederigheid voor nodig om Gods liefde te ontvangen. Velen van ons hebben geleerd alles voor elkaar te hebben en naar de buitenwereld een perfect plaatje te laten zien. Maar laten we onthouden dat dit alleen toneelspel is. Laten we het toneelspel opgeven voor de waarheid.

Er zijn belemmeringen die ons ervan weerhouden dit persoonlijke 'vaderen' te ontvangen. Hier zullen we in een later hoofdstuk verder naar kijken. Maar eerst wil ik een paar verkeerde opvattingen over Gods natuur als een Vader behandelen.

Het zijn van een vader is niet een eenmalige seksuele of fysieke daad. Ik herinner me dat een voorganger mij eens vertelde over een man in zijn stad. Het doel van deze man was om van zoveel mogelijk kinderen de vader te zijn. Hij was niet geïnteresseerd in liefde of toewijding en hij bekommerde zich zeker niet om de meisjes die aan hem ten prooi vielen. Het enige wat hij wilde was weer een trofee voor op zijn plank! Op het moment dat een meisje zwanger was geraakt, verliet hij haar en begon zijn zoektocht naar zijn volgende onschuldige en niets vermoedende slachtoffer. Hij was vader geworden van vele kinderen, maar was niet bereid een vader voor hen te zijn in een liefdevolle relatie van zorg, veiligheid en voorziening.

Als dit is hoe jij verwekt bent, laat mij je dan zo voorzichtig mogelijk als ik kan vertellen dat God alles van je weet, jou heel hoog acht, en wil voorzien in alle troost, veiligheid en liefde die je nodig hebt. Hij heeft jou bedacht vóór het begin van de tijd. Hij heeft jou gemaakt in de moederschoot. Hij heeft de dag uitgekozen waarop jij bent geboren, en de plaats waar je zou wonen. Hij houdt heel erg veel van jou.

In de tweede plaats kan ook het afwezig zijn van een vader ons begrip van God als Vader vervormen. Het percentage echtscheidingen ligt heel hoog. Ongeveer tussen een derde en de helft van de huwelijken in het Verenigd Koninkrijk eindigt in een echtscheiding. En het beangstigende hiervan is dat het scheidingspercentage in de Kerk niet veel lager ligt dan in de samenleving als geheel. Veel kinderen groeien op in families waar geen vader is, of waar ze hem alleen zien in het weekend of met een vakantie. Ze hebben een klein referentiekader wanneer het erom gaat hoe een vader zou moeten zijn. En zij leggen deze beperkte visie op God.

Vaders kunnen ook afwezig zijn vanwege een voortijdige dood. Ik heb vele goede herinneringen aan mijn eigen vader. Hij zorgde voor ons allemaal, werkte hard om voor ons in alles te voorzien, en we hebben een aantal fantastische vakanties gehad. Maar hij werd van ons afgenomen toen ik tien jaar oud was. In Afrika, waar ziekte zo gangbaar is, zijn er vele vaders die overlijden voordat hun kinderen zelfs maar geboren zijn. En triest genoeg zijn er vaders die afwezig zijn, zelfs wanneer ze er wel zijn! Ze verbergen zich in hun kantoor, achter de krant, de computer of voor de televisie. Ze zijn er wel maar ze zijn niet beschikbaar.

Een derde manier waardoor onze visie op God als Vader gevormd wordt, is door een geloof dat vaderschap dominantie, boosheid of overheersing betekent. Als onze eigen vaders overheersend of boos/agressief zijn geweest, dan kunnen we dit beeld projecteren op God. Dominantie en manipulatie zijn er de oorzaak van dat wij onze harten verbergen, om ze te beschermen tegen nog meer pijn. We duwen pijnlijke gevoelens weg omdat we niet vermorzeld willen worden. Wanneer het enige wat wij ervaren hebben van onze vaders het vermorzelen van de geest is, dan sluiten we ons af voor iedereen die op een vaderfiguur lijkt.

Het is niet alleen een ervaring met slecht of verkeerd vaderschap wat onze visie op God kan vormen, en hierdoor een effect kan hebben op de manier waarop we met Hem omgaan. Het hebben van een goede vader kan ook een belemmering vormen omdat dit ook zijn beperkingen heeft. Als jouw vader goed was, hoeveel beter denk je dan dat God is? Op een schaal van 0 - 100, als God 100 scoort dan is er waarschijnlijk niet zoveel verschil tussen een "goede" vader en een "slechte" vader. Beiden zullen waarschijnlijk ergens onderaan de schaal eindigen.

Het goede nieuws is dat God niet beperkt wordt door onze ervaringen. Hij is de perfecte en eeuwige Vader. Hij is niet afwezig of overheersend. Hij is niet manipulatief of boos tegen ons. Zijn verlangen is dat wij bij Hem komen en Hem toestaan een vader voor ons te zijn op een hele persoonlijke en intieme manier. Hij kan onze liefdes-tekorten veranderen in liefdes-overschotten. Alle liefde die ons ontnomen is, kan door hem aangevuld worden. Hij kan onze harten helen en ze hierna vullen met zijn liefde.

Dit is niet een op zichzelf staande ervaring maar een manier van leven. Het echt kennen van het vaderhart van God is een proces dat een leven lang duurt. God is een Vader die betrokken wil zijn in ons leven. Zijn vaderschap is actief en voortdurend. Hij laat ons niet in de steek om ons aan te laten aanmodderen vanuit onze eigen kracht, maar Hij roept ons onder de schaduw van zijn vleugels waar Hij ons kan beschermen en voor ons kan zorgen. En Hij wil onderweg ook plezier hebben. God houdt eigenlijk meer van plezier dan wie dan ook. Wanneer je sommige dingen ziet, die er gebeuren, dan kan het niet anders dan dat God een enorm gevoel voor humor heeft! In zijn boek "Brieven aan Malcolm" schrijft C.S. Lewis: "Plezier is de serieuze kant van de hemel". Helaas is plezier niet hetgeen waar christenen bekend om staan, hoewel in de Bijbel plezier regelmatig genoemd wordt. Wanneer de vreugde van de Heer ons zou vullen, dan zouden we veel aantrekkelijker worden.

In de Kerk van vandaag zijn veel geestelijke wezen - mensen die weten dat hun zonden zijn vergeven, maar die constant proberen om Gods goedkeuring te verdienen door hun eigen werken. Ze proberen hun eigen weg te vinden in het leven en een naam voor zichzelf te maken. God is onze Vader en Hij wil niet dat we leven als wezen. Hij wil een familie. Hij wil zonen en dochters. Hij wil dat we stoppen met streven, en dat we komen op de plaats van rust bij Hem. Wetende dat Hij van ons houdt .

De verweesde harten vinden het moeilijk te geloven dat ze geliefd zijn. God wil dat we weten dat we geliefd zijn, net zoals Jezus wist dat Hij geliefd was. Als leven in liefde goed genoeg was voor Jezus, dat moet het zeker goed genoeg zijn voor ons.

Ik heb veel geschreven over de liefde van de Vader, die genezing en heling brengt voor de gebroken harten omdat het de waarheid is. Hij houdt ervan om bij ons te komen en beschadigde harten te genezen. Hij houdt ervan om ons in zijn armen te nemen en het tekort aan liefde in onze harten op te vullen. Het herstel en de vernieuwing van onze harten gebeurt misschien niet onmiddellijk, maar is vaak een proces waarin lagen van pijn geleidelijk aan verwijderd worden naarmate de tijd verstrijkt. Het is fantastisch dat er genezing is voor gebroken en afgewezen harten, maar God heeft een groter plan voor een ieder van ons. Het herstel van onze harten en een leven in liefde zijn niet twee afzonderlijke zaken, maar deze zijn onafscheidelijk met elkaar verbonden. Hij geneest ons niet simpelweg en laat ons dan alleen achter. Hij wil dat we kunnen genieten van een relatie met Hem, waarin we zijn liefde leren kennen, en erop leren te vertrouwen (1 Johannes 4:16). Dit zijn woorden die op ervaring duiden. En zij omschrijven een levensstijl die lijkt op het leven dat Jezus leefde.

Je bent misschien bekend met 2 Corinthiërs 3:18: *'Wij allen die met onbedekt gezicht de luister van de Heer aanschouwen, zullen meer en meer door de Geest van de Heer naar de luister van dat beeld worden veranderd.* '

Wat betekent dit? Hebreeën 2:10 vertelt ons dat God vele van zijn zonen in Zijn heerlijkheid heeft laten delen. Is het mogelijk om betrokken te zijn bij wat God aan het doen is, in plaats bij Hem te komen om wie Hij is. Veel mensen komen graag bij God vanwege hetgeen Hij voor hen kan doen, of aan hen kan geven. Maar wanneer ze hun gave ontvangen hebben zijn hun levens nog niet substantieel veranderd.
Natuurlijk wil God dingen voor ons doen, en heeft Hij vele gaven die Hij ons wil geven. Maar Hij wil dat we uitstijgen boven het slechts begrijpen van zijn daden. Hij wil dat we weten wie Hij is, en dat wij veranderd worden naar zijn gelijkenis. Mozes

was een man die de *wegen* van God kende, terwijl het volk van Israël alleen zijn *daden* kende (psalm 103:7). De genezing van ons hart kan de deur zijn waardoor wij toestaan om de veranderende kracht van genade zijn werk in ons te laten doen. Zodat we de vrijheid kunnen beginnen te ervaren die aan ons is beloofd. En, net zoals Mozes, kunnen beginnen met het kennen van Zijn wegen.

De liefde van de Vader is dus niet een optie extra. Het is niet alleen voor de gebrokenen van hart. Het is voor ons allemaal. Het is voor iedereen die het verlangen heeft om in vrijheid te leven, en wil veranderen, en meer wil worden zoals Jezus. We zullen in de hoofdstukken 10 en 11 meer gaan uitdiepen wat het precies betekent om te delen in de glorie van Jezus en te leven in vrijheid.

Ongeveer een jaar nadat ik begonnen was met mijn website *afathertoyou.com* ervoer ik dat God me terug leidde naar 2 Corinthiërs 6. In de verzen 13 en 17 moedigt Paulus de Corinthiërs aan hun harten te openen voor Hem, uit de wegen van de wereld te stappen, en God toe te staan een Vader voor hen te zijn. Wat een fantastische kans! Uit de wegen van de wereld stappen, je hart te openen en toestaan dat God een Vader voor je is.

God wil niet dat we een beperkt bestaan leven. Hij wil dat we naar buiten komen, in een open ruimte waar we vrij kunnen zijn van beperkingen (Job 36:16) en waar Hij een Vader voor ons kan zijn.

Laat ik terugkomen op mijn twee kleine woordjes – "voor jou". Deze belofte is voor iedereen. Op de een of andere manier is het niet relevant hoe onze aardse vader (of moeder) is geweest. We hebben het allemaal nodig om de zachte, lieve en overweldigende liefde van Vader God te kennen. Wij kunnen allemaal genieten van de vrijheid die beloofd is aan zijn kinderen. We kunnen geworteld en gegrond raken in zijn liefde. Dit is niet een optie extra. Het is voor jou! God wil echt, echt een Vader voor jou zijn – persoonlijk, vandaag en voor eeuwig – **voor jou!**

Hoofdstuk 5

Belemmeringen om God te leren kennen als Vader

Het zou makkelijk zijn wanneer we dit hoofdstuk zouden kunnen lezen als een lijst van dingen die we niet moeten doen. Wanneer we ze doen, dan voelen we ons schuldig. En wanneer we ze niet doen, dat kan het zo zijn dat we proberen om de juiste dingen te doen. En zo proberen op een bepaalde manier een relatie met God te verdienen.

Maar dit zijn echte hindernissen die ik moet toelichten. Aan het eind van dit hoofdstuk zal ik proberen een aantal simpele sleutels voor doorbraak te geven. Er zijn boeken vol geschreven over elk van de hindernissen die ik op zal gaan noemen, en daarom zal ik er kort over zijn omdat ik niet wil dat het struikelblokken worden voor jou, terwijl je bezig bent met het leren kennen van God als Vader. We kunnen wel worstelen met enkele van deze punten, maar ze hoeven ons niet te verteren.

Hindernissen die ontstaan vanuit relaties met ouders

Enkele van de belangrijkste hindernissen voor ons om God als Vader te leren kennen vinden hun oorsprong is de relaties met onze natuurlijke vaders. De volgende pagina's bevatten een aantal enorme algemeenheden. Maar je zult wellicht dingen zien staan die je herkent, en gebieden in je hart die Vader wil genezen.

Prestatie gerichte vaders.
Vaders, die gericht zijn op prestatie, stellen hoge eisen aan hun kinderen op het gebied van perfectie en gehoorzaamheid. Vaak doen zij dit onbewust. Ze zouden met afschuw vervuld worden wanneer men hen zou vertellen dat dit een karakteristiek in hun leven was. Het is bijna alsof het halen van een 10 nog niet goed genoeg is.

Prestatie gerichte vaders bekritiseren hun kinderen wanneer ze 90% halen. "Is dat alles wat je kan?" is een mogelijke reactie. Hun liefde lijkt alleen dan tot uiting te komen wanneer het gestelde doel is behaald. En dan wordt het doel weer naar een hoger niveau bijgesteld.

Deze vorm van liefde is voorwaardelijk. En kinderen ervaren schaamte wanneer ze iets niet halen. Dit type vaderschap kan ervoor zorgen dat we denken dat God veeleisend is en dat er altijd een addertje onder het gras is wanneer het gaat om Zijn liefde. We voelen de schaamte van het niet goed genoeg zijn.

Passieve vaders
Passieve vaders stellen geen hoge eisen aan hun kinderen. Zij laten hun liefde en affectie niet zien. Zij laten hun kinderen het zelf uitzoeken en gaan ervan uit dat alles OK is. Tenzij er iets anders wordt gezegd. Westerse vaders vallen vaak in deze categorie (een enorme generalisatie). Zij zijn goede voorzieners maar zijn niet echt

betrokken bij hun kinderen. Zij zijn fysiek aanwezig maar emotioneel afwezig.

Passief vaderschap laat ons achter met idee dat God niet betrokken is bij ons leven. Het lijkt alsof Hij ons alles zelf wil laten uitzoeken. Dit kan ervoor zorgen dat wij een onafhankelijke geest ontwikkelen, om verwoede pogingen te doen om Gods aandacht te krijgen. Of om erin te berusten dat een intieme persoonlijke relatie met God niet mogelijk is voor ons.

Afwezige vaders

Afwezige vaders zijn niet langer aanwezig in het huis vanwege dood, een scheiding, werk of verlating. Steeds meer kinderen groeien op zonder een vader in het huis. Het is niet ongebruikelijk dat kinderen de schuld op zich nemen voor de verlating of scheiding.

Ze geven zichzelf de schuld dat hun ouders niet meer samen verder konden, en trekken zich terug in een leven van schaamte en eenzaamheid. Wanneer de vader een workaholic is, denken kinderen vaak dat papa 's avonds of in het weekend niet thuis wil zijn vanwege hen. Kinderen nemen de schuld op zich en leven in schaamte.

Als zelfs onze aardse vaders ons verlaten hebben, waarom zou God ons dan niet verlaten?
En zo groeien we op, gelovend in een God die ons misschien wel zal verlaten en ons als wezen achter zal laten. We nemen genoegen met een leven wat in het teken staat van pogingen om het

in het leven zelf te redden, zonder de hulp van iemand anders.

Autoritaire vaders

Autoritaire vaders zijn meer geïnteresseerd in de wet dan in liefde. Ze zijn streng en eisen onvoorwaardelijke gehoorzaamheid. Ze moeten gelijk hebben. In feite is dit belangrijker voor hen dan het hebben van een relatie. Ze heersen over hun kinderen door middel van angst en intimidatie. Geen andere mening dan die van henzelf kan getolereerd worden. Velen handelen zo vanuit allerlei op zichzelf juiste motieven. Maar vaak reflecteert dit gedrag hun eigen strenge opvoeding.

Deze manier van vaderschap kan ervoor zorgen dat we God zien als wettisch en veeleisend. En kan ervoor zorgen dat we Hem gehoorzamen vanuit angst in plaats vanuit liefde en relatie.

Misbruikende vaders

Misbruik komt in vele vormen voor. En ik aarzel om ze te benoemen, omdat ik bang ben voor datgene wat in je hart kan oprijzen. Alleen het benoemen ervan kan ervoor zorgen dat er een steen in je maag komt, en dat je misselijk wordt. Maar ik doe het omdat ik weet dat God kan genezen, en dat Hij de effecten van ernstig misbruik kan wegnemen.

Verbaal, fysiek, emotioneel of seksueel misbruik - zeker door iemand die een representatie van liefde en zorg had moeten zijn - berooft ons van iets kostbaars. En vertrouwen wordt op een verschrikkelijke manier beschaamd. Misbruik leidt tot boosheid en angst. Harten worden gesloten en emoties gedood. Heel vaak voelt de misbruikte (net zoals de misbruiker) enorme schuld en schaamte.

Wanneer onze natuurlijke vader ons misbruikt heeft, lijkt God misschien onbetrouwbaar. We kunnen boos op Hem zijn, en niet in staat om te genieten van de intimiteit die Hij aanbiedt.

Goede vaders

Waarom benoem ik goede vaders als een belemmering om God als Vader te leren kennen?

Natuurlijk is dit de ideale situatie zoals alle vaders zouden moeten zijn - een afspiegeling van onze Hemelse Vader. Toch heb ik met veel mensen gesproken die een goede vader hebben gehad maar die toch worstelen met het concept van God als een Vader voor hen. Ik heb in diverse gevallen de vaders zelf gekend en zij waren goede vaders! Een goede aardse vader kan een plafond opwerpen die onze verwachtingen beperkt. Wanneer we een goede vader hebben ervaren, vragen we ons af wat er dan nog beter zou kunnen zijn. En dus stelt onze eigen ervaring ons tevreden en nemen we hier genoegen mee.

Sta niet toe dat een goede vader, met al zijn liefde, zorg en bemoediging, in de weg staat van het vinden van de perfecte Vader. Een goede aardse vader is geen vervanging voor de liefde van je Hemelse Vader.

Enkele andere belemmeringen
Laat me enkele andere belemmeringen opnoemen die ons in de weg staan bij het vinden van de perfecte Vader. Wat voor de een belemmering is, hoeft niet persé een probleem te zijn voor iemand anders. Deze zaken kunnen ons in hun grip hebben, maar ze hoeven ons niet te beheersen.

Terwijl je dit leest, vraag Vader om je die gebieden in je hart te laten zien die bijgesteld moeten worden. Onthoudt dat dit hoofdstuk er niet is om je te veroordelen maar om je te helpen om vrij te worden.

Verborgen zonden
Met onze zonden werd voor eens en voor altijd afgerekend aan het kruis. De reden van onze scheiding van God werd verwijderd. Maar verborgen zonden kunnen ons in hun greep houden en ons gevangen houden in schuld en schaamte. Herinner je hoe Adam en zijn vrouw zich enorm schaamden en probeerden om hun zonde te verbergen. Ze konden niet terug komen bij God en Hem ermee te laten afrekenen. Ze probeerden het op hun eigen manier op te lossen en dit mislukte. 1 Johannes 1:9 verzekert ons ervan dat, wanneer we onze zonden belijden, Hij ons zal vergeven. We worden aangemoedigd om in het licht te wandelen met elkaar en met God (1 Johannes 1:7 en Efeze 5:8-9).

Verborgen zonden houden ons gevangen. Wanneer we in het licht wandelen, hebben we een intieme omgang met de Vader (1 Johannes 1:3).

Wetticisme

Wetticisme is het proberen om Gods gunst te verdienen door het naleven van regels. Onze eigen rechtvaardigheid is als vuile vodden en leidt ertoe dat we onafhankelijk worden in plaats van afhankelijk van Hem. Uiteindelijk leidt wetticisme tot zelfrechtvaardiging of wanhoop. Hoe dan ook: het belemmert de stroom van Vaders onvoorwaardelijke liefde in ons leven. De liefde van de Vader is een boodschap van genade, en we kunnen er op geen enkele manier voor zorgen dat God meer van ons zal gaan houden. Wanneer we ons rechtvaardiger voelen, wordt zijn liefde voor ons niet opeens groter. Wanneer we leven onder een wolk van schuld, zijn we niet opeens minder geliefd!

Angst voor afwijzing

Angst leidt tot wantrouwen en wantrouwen leidt tot ongezonde relaties. Angst verlamt, maar liefde zet vrij. Psalm 27:10 vertelt ons dat zelfs wanneer onze moeder en vader ons verlaten, God ons zal ontvangen.

Afwijzing is een belangrijke snaar in de harten van Gods kinderen. Er is een leugen in ons hart gepland dat we er niet toe doen, dat we niet gewenst zijn, en dat ons leven geen waarde heeft. Alle leugens zijn uitgesproken door de vijand, niet door Degene die van ons houdt. Zijn liefde is hoog genoeg, diep genoeg, wijd genoeg en lang genoeg om er verzekerd van te zijn dan niemand eraan kan ontsnappen (Efeze 3:14-19).

Trots
God weerstaat de hoogmoedigen (Jakobus 4:6). Trots is onze verwaande poging om zelfvoorzienend te zijn en te proberen om een leven te leven zonder God! Je kunt het proberen, maar het is hard werken!

Jezus was volkomen afhankelijk van zijn Vader op elk gebied. Als het leven van een leven in afhankelijkheid goed genoeg was voor Jezus dan is het zeker goed genoeg voor ons.

Ongeloof
Jezus zei enkele verbazingwekkende dingen over mensen en hun ongeloof. Hij had onder de mensen om Hem heen geleefd, en de ware aard van zijn Vader onthuld. Maar toch konden velen niet geloven. Ons beperkte begrip kan ervoor zorgen dat we de waarheid niet meer geloven - de waarheid is dat we beperkt zijn.

Jezus vraagt aan ons om een kinderlijk geloof te hebben omdat dit bergen aan zorgen in de zee kan werpen. Hebreeën 11:6 vertelt ons dat het zonder geloof onmogelijk is om God te behagen!

Schaamte
Schaamte komt tot ons op vele verschillende manieren en kan ervoor zorgen dat we ons verbergen voor God. We proberen onszelf te bedekken en er goed uit te zien voor onze ouders, onze gelijken of vrienden, zelfs voor onze voorgangers. Het kan ervoor zorgen dat we onszelf gaan ophemelen en anderen naar beneden gaan halen in een poging om geaccepteerd te worden.

De waarheid is dat God ons accepteert zoals we zijn. In plaats van schaamte geeft Hij ons een dubbele zegening (Jesaja 61:7). Wanneer we Hem vertrouwen zullen we niet beschaamd worden (Romeinen 10:11).

Het afwijzen van de ouders die God ons gegeven heeft

Jezus was altijd een echte zoon in zijn hart. Dit is een aspect dat we in een later hoofdstuk verder zullen uitdiepen. Hij was een zoon van Jozef en Maria, van een geestelijke vader (zoon van David), en natuurlijk van God. Wanneer we de juiste relatie hebben met onze eigen ouders is het makkelijker om te wandelen met God als een Vader. Wanneer we onze eigen ouders eren dan komen we onder een zegening.

Misleiding

De dief komt om te doden, te stelen en te vernietigen (Johannes 10:10). Jezus kwam opdat we leven zullen hebben in overvloed. Satan liegt constant over de ware natuur van God omdat het laatste wat hij wil is, dat wij zullen ontdekken hoe God echt is. Hij wil dat we geloven dat God afstandelijk, boos en wreed is. En dat Hij gehoorzaamheid eist en dienstbaarheid ten koste van alles. De waarheid zet ons vrij (Johannes 8:32).

Onvergevingsgezindheid

"Bitterheid is als een giftige pil die we slikken, denkend dat het iemand anders zal doden" (Jack Winter). Onvergevingsgezindheid houdt ons gevangen. Wanneer we diegenen, die ons pijn hebben gedaan, vrij zetten, en we vragen God om medelijden richting hen, dan kunnen we de vrijheid binnen wandelen. Het kwijtschelden van de schuld die ze bij ons hebben, en hen vrijzetten van het verkeerde dat ze gedaan hebben, opent de weg voor ons om een open ruimte binnen te wandelen.

Vergeving is zo'n belangrijke sleutel voor het in staat zijn om Vaders liefde te ontvangen, dat we het tot in detail zullen bekijken in het volgende hoofdstuk.

*****

Aan het begin van dit hoofdstuk heb ik gezegd dat ik zou proberen om wat sleutels aan te bieden om belemmeringen het hoofd te kunnen bieden. Ondanks het feit dat het belemmeringen zijn, moeten ze onze aandacht niet volledig opeisen, en ons weerhouden van het kennen van God als Vader. De kracht van genade en het verlossende werk van het kruis zijn vele malen krachtiger dan welke van deze dingen dan ook, die ons tijdelijk kunnen binden.

Wat onze ervaringen tot dusver ook zijn, we kunnen God vragen en verwachten dat Hij een Vader voor ons wil zijn. Te vaak kennen wij de theologie dat God "Vader" is, maar we stappen niet de realiteit binnen waarin Hij een Vader voor ons is. Er is een enorm verschil tussen de theorie en de relationele ervaring.

Af en toe ontvang ik een e-mail van iemand die mijn website heeft bezocht. Wat ze hebben gelezen heeft hun geholpen. Heeft misschien een openbaring gegeven, of een begrip in hun harten. Maar hun vraag is vaak: "Hoe wordt God een Vader voor mij?". Ze vertellen me dat er geen conferenties zijn waar ze naar toe kunnen gaan. En dat er in hun omgeving geen kerk is die dit alles ondersteunt. Ze hebben het gevoel er alleen voor te staan in hun poging om iets te pakken, waarvan ze niet zeker zijn dat ze het kunnen begrijpen.

Ik schrijf ze terug en moedig ze aan om aan God te vragen zichzelf als Vader voor hen te openbaren. Hij heeft beloofd een Vader voor ons te zijn en dit is niet afhankelijk van een conferentie of een ander evenement. Het is enkel en alleen afhankelijk van de waarheid van Zijn woord en Zijn liefde voor ons.

Soms is het goed om tijd apart te zetten om God te zoeken, te luisteren naar CD's of preken te downloaden vanaf het internet die gaan over Vaders liefde. Maar het belangrijkste ding is om te vragen om geloof. God wil een Vader voor ons zijn. Hij heeft beloofd dat Hij een Vader voor ons zal zijn. En het is zijn grootste verlangen om ons te trekken in een relatie met Hem. Herinner je je nog het zaadje van geloof dat je had toen je een christen werd? Als je net zo bent zoals ik was, dan was het slechts een klein zaadje en een kleine stap in geloof, waaruit een veranderd leven en een veranderd hart voortkwam. Het ontvangen van Zijn liefde vereist dezelfde kleine stap. Zijn liefde is niet verborgen, maar het is beschikbaar voor een ieder die erom vraagt.

Een van de belangrijkste manieren waarop we deze belemmeringen achter ons kunnen laten is aan het einde van ons eigen kunnen te komen, en een roep in ons hart te hebben die zegt: "God, ik heb het nodig dat U iets doet, ik heb het nodig dat U mijn hart verandert". Vragen aan God om jouw Vader te zijn is een gebed die Hij heel graag beantwoordt.

Een stukje terug heb ik verborgen zonden genoemd. God wendt zijn gezicht niet af van zonden. In de hof ging Hij achter Adam en Eva aan, nadat ze gezondigd hadden, omdat Hij hen wilde vinden. Zonde stort een bedekking van schaamte en schuld over ons uit, wat ons verhindert om open met God te wandelen. Het is de schaamte die ervoor zorgt dat we ons willen verbergen voor God.

God openbaart zonde, niet om ons te veroordelen maar om ons vrij te zetten. In een van zijn uitzendingen zegt Wayne Jacobsen dat Vader God de veiligste persoon is om naar toe te gaan wanneer we gezondigd hebben! Wanneer we onze zonde belijden dat zal Hij ons vergeven en ons reinigen van alle onrechtvaardigheid (1 Johannes 1:9). Wanneer we de stap kunnen nemen om dingen open te gooien bij goede vrienden en bij Hem, dan kunnen we gereinigd worden van onze zonden (1 Johannes 1:7).

Wanneer we berouw alleen zien als een toegangskaartje voor de hemel en een manier om de hel te omzeilen dan missen we waar het om gaat. Berouw is de manier om in relatie te komen. Wanneer we wedergeboren worden, dan worden we kinderen van God (Johannes 1:12). Velen van ons houden vast aan het "ontsnappen aan de hel-kaartje" in plaats van het binnen komen in de aan ons beloofde vrijheid van relatie. Waar we verder naar zullen kijken in hoofdstuk 11.

Het is verleidelijk om ons hele leven te spenderen aan het proberen om alle hindernissen uit de weg te ruimen. Maar dat is vernietigend voor je ziel. Onthoud dat Gods verlangen om een Vader voor jou te zijn groter is dan jouw verlangen om Hem te zoeken. Hij jaagt achter ons aan maar zal ons zijn wil nooit opdringen. De beste manier om de belemmeringen het hoofd te bieden is om hem na te jagen vanuit een verlangen, niet vanuit een verplichting. En om relatie te zoeken in plaats van religie.

Hoofdstuk 6

Vergeving vanuit het hart

Aan het einde van de Tweede Wereldoorlog werden baby-wezen vanuit Europa naar Noord Amerika gestuurd om medische zorg te ontvangen. Sommigen werden geplaatst in een ziekenhuis in New York, waar ze de beste medische instrumenten hadden. En waar het een heel steriele omgeving was. Anderen werden naar Mexico gestuurd waar de instrumenten verouderd waren en de omgeving niet heel erg schoon was.

Na een paar maanden werd in beide ziekenhuizen gecontroleerd wat de vooruitgang bij de baby's was. Tot ieders verbazing was het sterftecijfer in het ziekenhuis in New York veel hoger dan in Mexico. Dit ondanks het enorme medische en technologische voordeel in New York. Het leek alsof er beter voor de baby's gezorgd werd door de Mexicaanse staf.

De onderzoekers gingen verder met hun onderzoek en ontdekten dat de baby's in New York alleen aangeraakt en opgepakt werden wanneer ze iets specifieks nodig hadden, zoals voeding of een schone luier. In Mexico pakten de medische staf de baby's constant op. Ze zongen voor hen, speelden met hen, en uiten voelbaar hun affectie.

Het was overtuigend bewezen dat liefde het verschil had gemaakt.

God heeft nooit een instelling gewild. Hij heeft geen club opgericht en mensen uitgenodigd hier lid van te worden. Hij heeft altijd een familie gewild. Het 'zijn' van een Vader is niet wat Hij doet, het is wie Hij is.

Adam en Eva waren geschapen in liefde en, voor de zondeval, ervoeren zij perfecte liefde. Dit was Gods bedoeling voor ons allemaal. Wij zijn gemaakt om al onze dagen van ons leven perfecte, onvoorwaardelijke liefde te ervaren. We zijn niet gemaakt om afwijzing of pijn te ervaren; het was de bedoeling dat we de perfecte liefde die we ontvingen door zouden geven aan de volgende generatie.

Zoals we weten is alles fout gegaan vanwege de zondeval. En opeens waren we niet meer in staat liefde te geven of te ontvangen op de manier zoals God dit bedoeld had. Onze aangeboren verwachting en behoefte aan liefde kon niet meer vervuld worden. Gods plan was dat onze ouders een rolmodel zouden zijn voor wat betreft de liefde die Hij voor ons heeft. Hij had het zo bedoeld dat onze moeder voor ons zouden zorgen en ons zouden koesteren, warmte en tederheid zouden overdragen op een complete en volledige manier. Het was zijn bedoeling dat onze vaders ons een identiteit zouden geven en onze plaats in de wereld zouden bevestigen.

Dit alles werd besmeurd door de zondeval. Wanneer vaders en moeder worstelen met hun eigen pijn is het onvermijdelijk dat zij dit doorgeven aan hun kinderen. De perfectie, die God had geschapen, was vernietigd. Wat eens compleet was werd aangetast. En zo, in plaats van een perfect begrip te hebben van God en in staat te zijn om zijn Vaderliefde te ontvangen, beantwoordden we de ontstane verwondingen met het bouwen van muren in onze harten. Die ons weerhouden van het volledig ervaren van Gods liefde. We proberen onszelf voor meer pijn te beschermen door onze harten af te sluiten. En op deze manier brengt de beschadigde relatie met onze ouders onze relatie met God schade toe.

Het is belangrijk om te begrijpen dat het er niet zozeer om gaat hoe onze ouders ons behandelen, maar dat het er meer om gaat hoe wij reageren op deze behandeling.

Het goede nieuws is dat de Vader de relatie tussen ouders en kinderen wil herstellen. Hij wil ook dat wij bij Hem komen als de perfecte Vader.

Martin Luther zei: "ik heb er moeite mee het Onze Vader te bidden omdat telkens, wanneer ik Onze Vader zeg, ik moet denken aan mijn eigen vader die hard, onbuigzaam en meedogenloos was. Ik kan niet anders dan op deze manier naar God te kijken".[1]

Dit is waar vergeving om de hoek komt kijken. Vasthouden aan de pijn die ons is aangedaan leidt tot bitterheid. Er is een manier om de pijn die we hebben geleden kwijt te raken en dat is de weg van vergeving.

Wanneer Jezus sprak over vergeving, dan sprak Hij over vergeving vanuit het hart. Laten we eens kijken naar een bekend verhaal dat Hij vertelde:

De gelijkenis van de onvergevingsgezinde dienaar.

'Daarop kwam Petrus bij hem staan en vroeg: 'Heer, als mijn broeder of zuster tegen mij zondigt, hoe vaak moet ik dan vergeving schenken? Tot zevenmaal toe?' Jezus antwoordde: 'Niet tot zevenmaal toe, zeg ik je, maar tot zeventig maal zeven. Daarom is het met het Koninkrijk van de hemel als met een koning die rekenschap wilde vragen van zijn dienaren. Toen Hij daarmee begonnen was, bracht men iemand bij hem die hem tienduizend talent schuldig was. Omdat Hij niets kon terugbetalen, gaf zijn heer bevel dat de man samen met zijn vrouw en kinderen en alles wat Hij bezat verkocht moest worden, zodat de schuld kon worden ingelost. Toen wierp de dienaar zich aan de voeten van zijn heer en smeekte hem: "Heb geduld met mij, ik zal u alles terugbetalen." Zijn heer kreeg medelijden, Hij liet hem vrij en schold hem de geleende som kwijt. Toen deze dienaar naar buiten ging, trof Hij daar een van de andere dienaren, die hem honderd denarie schuldig was. Hij nam hem in een wurggreep en beet hem toe: "Betaal me alles wat je me schuldig bent!" Toen wierp deze zich voor hem neer en smeekte hem: "Heb geduld met mij, ik zal je betalen." Maar Hij wilde daar niet van weten, integendeel, Hij liet hem gevangenzetten tot Hij de hele schuld zou hebben afbetaald. Toen de andere dienaren begrepen wat er gebeurd was, waren ze zeer

ontdaan, en gingen ze naar hun heer om hem alles te vertellen. Daarop liet zijn heer hem bij zich roepen en Hij zei tegen hem: "Je bent een slechte dienaar. Heel die schuld heb ik je kwijtgescholden, omdat je me erom smeekte. Dan had jij toch zeker ook medelijden moeten hebben met die andere dienaar, zoals ik medelijden heb gehad met jou?" En zijn heer was zo kwaad dat Hij hem in handen van de gerechtsbeulen gaf tot Hij de hele schuld zou hebben terugbetaald. Zo zal mijn hemelse Vader ook ieder van jullie behandelen die zijn broeder of zuster niet van harte vergeeft.' (Mattheus 18:21-35)

Wanneer we dit verhaal bekijken, dat wil ik dat je jezelf plaats in de positie van de koning. Normaal gesproken plaatsen we onszelf in de positie van de dienaar aan wie heel veel vergeving werd geschonken. Dat is natuurlijk ook waar. Onze zonden zijn ons geheel en volkomen vergeven. Wij, die geen vergeving verdiend hadden, hebben het ontvangen als een gratis cadeau van onze liefhebbende Vader. Maar in het belang van het doel van dit hoofdstuk wil ik dat je de koning bent. Het is per slot van rekening te koning die vergeeft in dit verhaal omdat Hij degene was die de uitstaande rekeningen wilde vereffenen.

Jezus vertelt dit verhaal in antwoord op een vraag van Petrus: "Hoe veel keer moet ik mijn broer vergeven"? Petrus komt met een genereus antwoord: zeven! Jezus corrigeert hem met het overdreven antwoord "niet zeven keer, maar zeventig maal zeven keer".

Jezus geeft Petrus geen exact antwoord. Hij maakt duidelijk dat het niet om het aantal gaat, maar dat het draait om de houding waarin de vergeving wordt geschonken.

De koning had een dienaar geld geleend en nu wilde hij het terug. De dienaar werd bij de koning geroepen om verantwoording af te leggen, en de schuld af te betalen. Helaas was het bedrag te groot en was de dienaar niet in staat het bedrag terug te betalen. Teneinde het verschuldigde bedrag alsnog te krijgen, beval de koning dat de dienaar en zijn gehele familie verkocht zouden worden. De dienaar smeekte om genade en de koning vergaf hem.

In de gelijkenis was de schuld zo groot dat het nooit terugbetaald had kunnen worden. Het was meer dan de dienaar in zijn hele leven zou verdienen. Jezus stelt de noodzaak van vergeving gelijk aan het hebben van een uitstaande schuld.

De koning was beroofd in die zin dat er iets van hem was afgenomen, dat nooit terugbetaald kon worden. Hij werd voor de keuze gesteld: het nemen van wraak of het laten gaan van de dienaar. Hij koos voor het laatste en de dienaar en zijn familie gingen weg in de wetenschap dat de schuld kwijt was gescholden en nooit meer opgeëist zou worden.

Wanneer ons iets is aangedaan of wanneer we verkeerd zijn behandeld, is ons iets afgenomen wat onmogelijk kan worden teruggegeven. We zijn geschonden, en het wordt onmogelijk om dit terug te betalen. Misschien hebben ouders, leraren, vrienden of werkgevers ons enorm veel pijn gedaan. Misschien weten ze niet dat ze zoveel schade hebben aangericht, maar er is iets van ons gestolen wat we nooit meer terug kunnen krijgen.

Voordat de koning de dienaar kon vergeven, moest hij eerst in kaart brengen wat hij had verloren. Hij moest precies weten wat er van hem was afgenomen.

Wij moeten ook weten wat ons is afgenomen. We moeten dit in kaart brengen. Vergeving is niet iets goedkoops. Er hangt een prijskaartje aan en wij moeten weten wat die prijs is. Net zoals de koning moeten wij een overzicht maken van datgene, wat ons is afgenomen. Het lijkt op het kijken in je portemonnee en tot de ontdekking komen dat een vriend 20 euro eruit heeft genomen. Wanneer onze vriend naar ons toekomt en toegeeft dat Hij het geld gestolen heeft, dan kunnen we hem vergeven. Maar wat als onze vriend ook een credit card heeft gestolen en hierop een enorme schuld heeft gemaakt. We kunnen hem niet vergeven voordat we het rekeningoverzicht van de credit card ontvangen en precies zien wat de schuld bedraagt. We kunnen alleen datgene vergeven waar we weet van hebben.

Dus we moeten weten wat we kwijt zijn geraakt. Wat hebben onze ouders, leraren, vrienden of werkgevers van ons afgenomen? Wat hebben we verloren wat we nooit meer terug kunnen krijgen? Alleen wanneer we deze dingen in kaart hebben gebracht, kunnen we starten met het proces van vergeving. Net als de koning moeten we onze rekeningen vereffenen. We moeten kijken naar wat er gestolen is en ons realiseren dat het onmogelijk terugbetaald kan worden. Dan moeten we het loslaten.

Vergeving is de schuld loslaten, wetende dat we nooit 'terugbetaald' zullen worden. Het kan pijnlijk zijn de kosten te berekenen, en te beginnen met het proces van loslaten. Maar als we dat niet doen zal het zijn macht over ons behouden, en doorgaan ons leven te kwellen en vergiftigen. Als we de gebeurtenis en de pijn aan God geven kunnen we vrij worden van die macht over ons. We kunnen een nieuwe houding aannemen naar de persoon die ons verkeerd behandeld heeft, want onvergevingsgezindheid heeft niet langer macht over ons.

Hoe zit het met de rest van het verhaal? De vergeven dienaar gaat weg en probeert gerechtigheid te verkrijgen van een mededienaar door het kleine bedrag dat die ander hem verschuldigd is op te eisen. Hij die genade had gekregen kon die genade niet naar een ander tonen. Dit herinnert ons aan het belang anderen te vergeven, net zoals wijzelf vergeven zijn (Mattheüs 6:12, 14-15).

Jezus sprak over vergeving vanuit het hart. Hij maakt zich niet druk om hoe vaak we de woorden zeggen, maar om de houding van ons hart. Dat is waarom Petrus zo'n overdreven antwoord krijgt op zijn vraag. Als vergeving vanuit het hart komt dan hoeft het misschien maar één keer gezegd te worden. Als het niet uit het hart komt, dan maakt het niet uit hoe vaak het gezegd word. Je hart zal alleen vrij zijn als je de kosten hebt berekend en besloten hebt de kwestie los te laten.

In een enquête werd ouders gevraagd waar zij dachten dat hun kinderen hen voor moesten vergeven. Daarna werd de kinderen gevraagd waar zij hun ouders nu eigenlijk voor moesten vergeven. Verrassend genoeg bleken de dingen die de ouders genoemd hadden niet de belangrijkste dingen voor hun kinderen. Aan het einde van de enquête bleek het resultaat andersom hetzelfde. De kinderen wilden vergeven worden voor dingen waar de ouders nooit aan gedacht hadden. Dit laat zien hoe persoonlijk deze kwestie is en hoe het een zaak is van ieders individuele hart.

Als we vanuit ons hart vergeven kiezen we ervoor de pijn die ons is aangedaan los te laten. We laten de persoon (of personen), die ons verkeerd behandeld hebben, gaan. En wij kunnen verder gaan. Ook al zijn wij verwond geraakt door de daden, woorden of houding van anderen, zij kunnen zich totaal niet bewust zijn van de pijn die ze hebben veroorzaakt.

Het is daarom in de meeste gevallen niet slim om naar die persoon toe te gaan en aan te kondigen dat ze zijn vergeven. Het feit dat ze vergeven moesten worden kan als een complete verrassing komen en kan daardoor pijn veroorzaken.

De vergeving waar Jezus het over heeft is hartsvergeving. En als we vergeven, beginnen de delen van ons hart, die altijd gesloten waren, zich te openen. En daardoor kunnen we meer van de Vaders liefde ontvangen.

Als we naar anderen toe moeten gaan om hen om vergeving te vragen, dan zouden we dat met een nederige en vriendelijke houding moeten doen. We moeten specifiek zijn, zodat de ander weet waarvoor hij ons vergeeft. Een algemeen verzoek, dat alles omvat wat we ooit fout gedaan hebben, geeft de ander niet de mogelijkheid vanuit zijn hart te vergeven.

Als we specifiek zijn, kan de andere persoon de kosten berekenen, en voor altijd afrekenen met de schuld. Jezus herinnert ons er in de gelijkenis aan dat vergeving twee kanten heeft.

Jezus zegt dat als we zelf niet tot vergeven bereid zijn, we niet vergeven kunnen worden. Ik geloof dat Hij daarmee bedoelt dat wanneer we niet vanuit ons hart vergeven, een deel van ons hart gesloten blijft en we niet het volledige effect van de vergeving die we zelf hebben ontvangen kunnen ervaren. Natuurlijk zijn onze zonden vergeven, maar we kunnen, in ons hart, niet de volledige impact van die vergeving ervaren.

Wanneer we dit onderwijs op onze Vaderhart-scholen geven, stoppen we op dit punt. Dat doen we om mensen de tijd te geven om deze vraagstukken naar de oppervlakte te laten komen. We vragen hen in gebed te overwegen wie of wat ze moeten vergeven en de kosten te berekenen van wat van hen gestolen is. Dan moedigen we hen aan God te vragen hen de

genade te geven om vanuit hun hart te kunnen vergeven.
Dit kan een pijnlijke en emotionele ervaring zijn. Maar ook de start van een proces dat leidt naar vrijheid van dingen, die hen vele jaren gevangen hebben gehouden.

Ik geloof in de kracht van God die in één keer een wonder kan laten gebeuren. Ik geloof dat we een Vader hebben die ons in één keer vrij kan zetten van de pijn en verwondingen die we met ons mee hebben gedragen. Maar ik geloof ook in een procesmatige bevrijding.

Als je vanuit je hart vergeeft, verwacht dan dat God iets voor je doet. Verwacht een vrijheid in je geest te voelen. Maar wees je er ook van bewust dat je een andere (grote) stap hebt genomen in je levenslange reis van leven in liefde – een stap in de richting van de genezing van je hart. Om het gevuld te laten worden met zijn liefde.

Noten:
1. Robert Wresch: Church History 3 on Martin Luther

Hoofdstuk 7

Hart van zoonschap

'Wie Hem wel ontvingen en in zijn naam geloven, heeft Hij het voorrecht gegeven om kinderen van God te worden.' (Johannes 1:12)

Een paar jaar geleden werd ik plotseling wakker midden in de nacht, terwijl door mijn hoofd schoot: 'S.O.S.' Ik dacht meteen dat iemand in mijn familie in gevaar was en dat ik voor hem of haar moest bidden. Ik ging in gedachten mijn kinderen langs (waarvan ik wist dat ze veilig in bed lagen), toen door naar de verdere familie. En daarna verder al mijn vrienden en collega's. Terwijl ik voor hen allemaal bad voelde ik niet de vrede dat ik de juiste persoon gevonden had. Na een tijdje (ik ben niet zo snel midden in de nacht), had ik het idee dat de Vader iets tegen me wilde zeggen. In plaats van wakker te blijven liggen, en te proberen de persoon in nood te vinden, zei ik wat Samuël eeuwen daarvoor al had gezegd: "Vader, spreek. Ik luister."

Hij zei drie simpele woorden tegen me: "Slaven, wezen en zonen".
Waarop mijn aarzelende reactie was: "Ehm, ja...?"

God begon tegen me te spreken over zijn verlangen naar zonen. Al te vaak is de tendens van de christelijke missie geweest mensen gered te zien worden, een ticket voor de hemel te bezorgen, en zo aan de hel te kunnen ontsnappen. Vergeving en de belofte van de hemel zijn geweldige cadeaus van genade, maar ze zijn niet het hele verhaal.

Dit beperkte begrip van redding laat mensen achter als geestelijke wezen. Het helpt hen niet om hun ware bestemming te vinden als Gods zonen en dochters, die bevrijd zijn uit de macht van de duisternis en overgebracht zijn in het Koninkrijk van zijn geliefde Zoon.

Voordat we verder kijken naar het hart van een zoon, laten we eerst kijken naar de aard van een slaaf en een wees.

Een slaaf behoort aan iemand anders toe, en heeft zodoende geen rechten of persoonlijke vrijheid. Zijn leven wordt helemaal bepaald door de verlangens van een ander. Hij doet wat hem gezegd word wanneer het zijn meester zo uitkomt, niet op de tijd die hij zelf zou kiezen. Hij kan niet zomaar op vakantie gaan wanneer Hij dat wil; Hij zou in feite al heel veel geluk hebben überhaupt enige vrije tijd te hebben! Vrije tijd is een luxe, geen recht. Al het eigen initiatief is van een slaaf gestolen, hij is een voorwerp in zijn meesters hand. Een persoon zonder persoonlijkheid!

De brief aan de Galaten vertelt ons dat christenen eens slaven van de Wet waren, maar dat zij zijn bevrijd door het reddende werk van Jezus. We zijn uit de slavernij gehaald en geplaatst in zoonschap. Het is een glorieus zoonschap, zoals Paulus zegt in Romeinen 8. We kunnen niet uit dit oude leven wegbreken door onze eigen inzet, hoe hard we het ook proberen. Het werk van Jezus aan het kruis bevrijdt ons uit het lege, nergens toe leidende leven van een slaaf, en geeft ons volledig leven in Hem.

Een slaaf had onder de wet geen recht iets op te bouwen voor zichzelf of zijn familie. Alles waar hij zeker van kon zijn was huisvesting en zakgeld, en zelfs dat liep gevaar als hij niet meer kon werken door een ongeluk, ziekte of ouderdom. Alles wat hij kon doen was zich aan de regels houden. En dat was als balanceren op hete kolen, zonder zich ergens te kunnen vestigen, zonder tot rust te komen.

Wanneer je op de financiële markt een belegging doet, word je meestal in de kleine lettertjes verteld dat succes in het verleden geen garantie is voor de toekomst. Zo is het voor een slaaf. Al zijn prestaties en harde werk in het verleden garanderen hem geen enkele rust of luxe voor de toekomst. Het is enkel werk, werk, werk!

Het leven van een slaaf is een ellendig leven. En datzelfde geldt voor het leven van een wees.

Een wees heeft geen identiteit, geen naam, geen familie en geen erfenis. Waar een slaaf gebonden is aan iemand anders, is een wees aangewezen op zichzelf. Omdat er niets voor hem wordt gedaan, moet de wees vechten voor alles wat Hij wil of nodig heeft. Hij moet voor zichzelf een naam opbouwen, en streven naar positie, bezittingen en eer. Als hij dat uiteindelijk verkregen heeft, zal hij het niet meer laten gaan. Hij zal er koste wat het kost aan vast blijven houden, want het is van hem!

Een wees kan niet vrijgevig zijn, want hij heeft geen enkele garantie dat hij er iets voor terug krijgt. Hij is als de werknemer in de gelijkenis, die zijn geld in de grond begroef in plaats van het op de bank te zetten. Hij kan niemand vertrouwen om namens hem voor zijn bezittingen te zorgen. Dus houdt hij het liever zelf bij zich dan het los te laten om te groeien en te vermenigvuldigen.

Een wees gelooft dat zijn waarde en goedkeuring zijn gebaseerd op wat hij heeft gepresteerd, niet op wie hij is. Hij kan niet genieten van vriendschappen of relaties omdat hij met die ander concurreert. Hij moet door zijn talenten en capaciteiten goedkeuring verkrijgen. Het is erg vermoeiend om een wees te zijn, en alleen maar te kunnen vertrouwen op je eigen energie en werken.

In de kerk vandaag de dag zijn er veel geestelijke wezen. Er zijn er die dan wel zijn uitgeleid uit de slavernij, maar die nooit zijn voorgesteld aan een liefdevolle Vader. Dit is waar mijn "S.O.S." om de hoek komt kijken. Ik voelde dat God die nacht tegen me zei dat er veel mensen wedergeboren zijn, maar achtergelaten als wezen. Ze zijn één drempel overgegaan maar zijn nooit over de volgende, naar zoonschap gegaan. En ze leven ze hun christelijk leven onder een wolk van prestatie, verplichtingen en rusteloze activiteit.

In plaats van te leven in relatie met de Vader, zoals Jezus deed, streven ze naar positie, rang of functie. Ze beginnen de ladder van succes in de kerk te beklimmen en duwen anderen vaak aan de kant om zichzelf te promoveren. Ze geven niet, maar ze nemen. En als ze leiders worden, dan leiden ze vanuit controle en manipulatie in plaats van uit liefde en zorg.

Toen Adam en Eva werden verdreven uit de tuin, lieten ze de zorg en liefde van de Vader achter zich. En ze begonnen aan een reis waarin ze zouden moeten werken voor alles wat ze nodig hadden. Ze verlieten de veiligheid van de Vaders voorziening en zorg, en moesten voor zichzelf zorgen. Van het ene op het andere moment moesten ze vertrouwen op hun eigen bronnen en initiatief. Het hing allemaal van hen af (dat dachten ze tenminste). In Genesis 4 word Kaïn, nadat Hij Abel heeft vermoord, een 'rusteloze zwerver', een man zonder verblijf- of rustplaats, die z'n eigen weg in het leven moet vinden. Hij had werkelijk het hart van een wees.

Na de val kwam het menselijke hart in een verweesde staat, en dat is nog steeds het geval voor ieder van ons vandaag. Er is een verlangen in ieder van ons om het alleen te kunnen. We bouwen onze eigen imperiums en Koninkrijken, waarvan we hopen dat ze de tijd zullen doorstaan. We zien mensen in de wereld lange uren maken voor een veeleisende baas, maar de doelpalen zijn constant in beweging. En ze moeten steeds harder hun best doen om indruk te maken en beter te presteren.

Treurig genoeg zien we dit ook in de kerk gebeuren. In plaats van een haven en een rustplaats te zijn, moedigen kerken vaak hetzelfde streven en presteren aan als de wereld. Mensen worden op hun werk al genoeg onder druk gezet. Ze willen niet hun vrije tijd opgeven om nog meer opgejaagd te worden.

Maar we kunnen moed houden. Dit is niet het hele verhaal. De laatste 'S' in S.O.S. staat voor zoonschap ('son-ship' in Engels, red.), en werpt licht op het verlangen in het hart van de Vader om ons allemaal thuis te brengen.

God belooft dat Hij een Vader is voor de vaderlozen (Psalm 68:6), en dat Hij ons niet als wezen zal achterlaten (Johannes 14:18).

Laten we mensen niet als wezen achterlaten. Laten we ze helpen binnen te gaan in de glorieuze vrijheid van de zonen van God. Maar om dat te kunnen doen moeten we zelf het hart van een zoon hebben. En waar kunnen we daar beter naar kijken dan in het leven van Jezus.

Er is een geweldige passage in Lukas 2, waar de twaalfjarige Jezus in de Tempel blijft aan het einde van het Joodse Paasfeest, om met de godsdienstleraars en leiders te praten. Wanneer Jozef en Maria hem uiteindelijk vinden zegt Hij: *'Waarom hebt u naar me gezocht? Wist u niet dat Ik in het huis van mijn Vader moest zijn?'* (Lukas 2:49)

Voor Jezus was het zo natuurlijk om in zijn Vaders huis te zijn, en de dingen te doen die zijn

Vader deed. Maria en Jozef begrepen dat niet. En ondanks zijn verlangen om met het werk van zijn hemelse Vader te beginnen, onderwierp Jezus zich aan zijn aardse ouders, ging met hen mee terug naar Nazareth, en ging aan het werk in de timmerzaak. Hij diende hen trouw voor nog eens achttien jaar, voordat Hij begon met wat wij zijn bediening noemen.

Jezus' voorbeeld van onderwerping laat zien dat Hij bereid was zijn eigen wil en verlangens aan de kant te zetten. Hij had de eeuwigheid doorgebracht met het zijn van een Zoon van de Vader. Hij wist wat het betekende om het hart van een zoon te hebben en zijn Vaders wil te doen. Daardoor was het heel natuurlijk voor Hem om hetzelfde hart te hebben naar Jozef en Maria.

Net zoals Hij een zoon was voor Jozef en Maria, stond Jezus ook bekend als de zoon van David. Dit spreekt over geestelijk zoonschap. Hij liep in de voetstappen van een grote koning, die bekend stond als een man naar Gods hart. Een man die ervan hield om te aanbidden en die vriendelijk en intiem met God was. David had zijn zwakheden, en we weten van zijn falen, maar Hij was de man waarvan God zei dat zijn kinderen voor altijd op zijn troon zouden zitten. Wat David liet zien, openbaarde Jezus volledig. Jezus was ook een man die een intieme relatie had met zijn Vader. Hij was een aanbidder. Hij was vriendelijk en liefdevol. En Hij zit nu op die troon als de Koning der koningen.

Jezus was ook bekend als de Zoon van God. Het was zijn zoonschap (meer dan zijn wonderen en daden), dat zijn leven definieerde. Bij zijn doop, voordat Hij begon met zijn publieke bediening, sprak de Vader vanuit de hemel. En bevestigde zijn liefde voor Jezus, simpelweg als zijn zoon. Zoonschap was de belangrijkste sleutel die de duivel probeerde te ondermijnen toen Hij Jezus verleidde in de wildernis. De misleider probeerde, zoals altijd, de waarheid te verdraaien in zijn eigen voordeel. ''Als je de zoon van God bent...'' (Mattheüs 4:3, 6) waren de woorden die Hij gebruikte. Jezus was de zoon van God en Hij kon alle dingen doen die de duivel Hem vroeg. Maar Hij weigerde zijn geest te onderwerpen aan de manipulatie en controle van satan. Toen Jezus werd verheerlijkt op de berg sprak de Vader nog een keer vanuit de hemel en bevestigde Jezus opnieuw als de Zoon waar Hij van hield.

Het was zoonschap dat een struikelblok was voor de Farizeeërs en de wetsgeleerden. Jezus' bewering dat Hij de Zoon van God was, maakte hen ontzettend kwaad. En zorgde ervoor dat ze Hem, bij verschillende gelegenheden, probeerden te vermoorden.

Jezus' enige verlangen was zijn Vader te behagen. Alles wat Hij deed of zei was omdat zijn Vader Hem vertelde wat te zeggen en te doen. Hij had zo'n intieme communicatie met de Vader dat het natuurlijk was voor Hem te doen wat de Vader deed, te gaan waar de Vader ging en te zeggen wat de Vader zei. In de Psalmen wordt er profetisch over Jezus gezegd dat het zijn grote vreugde was om de wil van zijn Vader te doen (Psalm 40:9). Jezus zei over zichzelf dat Hij niks uit zichzelf kon doen omdat Hij zo afhankelijk was van zijn Vader. En er zo naar verlangde diens wil te doen, dat het leven van de Vader door Hem heen stroomde.

Zoonschap definieerde Jezus' leven. Het bepaalde wie Hij was en daardoor laat Hij ons het hart van een zoon zien, de Vader behagende en levend voor Hem. Dit was geen onderdanigheid voor Hem, maar totale vrijheid. Het is het leven in al zijn volheid dat Hij beschrijft in Johannes 10:10.

Jezus laat ons het enorme verschil zien tussen het zijn van een zoon **ván** iemand en het zijn van een zoon **vóór** iemand. We zijn allemaal iemands zoon of dochter. Misschien ken je je biologische vader niet of heb je geen contact met hem. Maar ondanks dat ben je zijn kind, of je dat nu leuk vind of niet. Het zijn van iemands zoon of dochter is een feit waar we niet omheen kunnen. Het zijn van een zoon vóór iemand is een totaal ander verhaal, omdat we hier zelf wat in te zeggen hebben. Het is een keuze die we maken. En als die keus eenmaal gemaakt is kan het ons leven op een significante manier beïnvloeden.

Een hart van zoonschap opent de deur naar drie geweldige dingen die een slaaf of wees nooit ontvangt – erfenis, vrijheid en identiteit.

Als zonen ontvangen we een erfenis van Vader. Alles wat van Hem is word het onze. We hoeven niet langer te streven naar bezittingen of positie. We hoeven niet langer keihard te werken voor iets om ons aan vast te houden. Er wordt ons, door Jezus, gratis een erfenis gegeven. En alles wat rechtmatig van Hem is , geeft Hij door genade aan ons. In Lucas 15 vertelt de vader zijn oudste zoon dat alles, dat van hem is, ook van zijn zoon is. Maar deze zoon kon dit niet ontvangen en ervan genieten. Een erfenis is een waardevol iets. Het is veel meer dan de optelsom van de goederen of de geldwaarde die van de ene generatie op de andere word doorgegeven. Het representeert iemands leven en werk, zijn of haar ziel. Het is niet iets om luchtig over te doen of te verbrassen. Een erfenis is werkelijk een schat.

Als zonen zijn we benoemd tot vrijheid, en dat is iets wat een slaaf of wees niet overkomt. Toen Jezus in de Tempel zijn bediening aankondigde, verklaarde Hij dat Hij was gekomen om de gevangenen te bevrijden. Hij bevrijdt ons van het juk van slavernij (of het nu verslaving, lust, prestatiedrang, mensen behagen, angst, trots of religieuze verplichting is) en leid ons in een geweldig en makkelijk juk van relatie. Jezus houdt een banier voor vrijheid en verklaart dat de kinderen van God vrij zullen zijn! In Johannes 8:36 zet Hij de positie van slaaf en zoon naast elkaar: *'Dus wanneer de Zoon u vrij zal maken, zult u werkelijk vrij zijn.'*

Een zoon is werkelijk vrij. Hij word niet langer vastgehouden door zonde of door de eisen van de wet. Hij is vrij, helemaal vrij - vrij om beslissingen te nemen, vrij om te genieten van een relatie die gebaseerd is op wederzijdse liefde en vertrouwen, in plaats van een die gebaseerd is op opdrachten en controle. Jezus zegt dat een zoon voor altijd een plaats in de familie heeft. Een slaaf kan hier alleen van dromen, maar een zoon heeft recht op een plaats in de familie en word betrokken in het nemen van beslissingen samen met de Vader en namens Hem. Dit is het leven in vrijheid dat Jezus ons biedt. Paulus zegt in Galaten 5 dat we voor vrijheid zijn vrijgezet. Dit klinkt op het eerste gezicht misschien vreemd, maar de waarheid is dat we zijn vrijgezet om geen andere reden dan om dezelfde vrijheid te ervaren als die Jezus ervoer.

Onze vrijheid wordt omschreven als een 'glorieuze vrijheid' (Romeinen 8:21). Het is een glorieuze vrijheid waar de wereld reikhalzend naar uitkijkt om hierin te mogen delen. De schepping lijdt onder de gebondenheid aan achteruitgang en verval, en verlangt naar de dag waarop ze dezelfde vrijheid zal vinden als de zonen van God. De vernietiging van de planeet, de overstromingen, de hongersnoden en de ongelijkheid om ons heen, staat in sterk contrast met de vrijheid die onze Vader ons beloofd heeft. Als wij vrij worden, zal de wereld om ons heen vrijheid vinden. En wij zijn vrij, dus ik geloof dat de wereld vrijheid zal vinden, en dat een deel van de vernietiging die we om ons heen zien omgedraaid zal worden.

Zonen hebben een identiteit. Heb je ooit de geslachtsregisters gelezen in de Bijbel? Waarom zijn ze er? Wat je ziet als je ze leest is, dat iedereen iemands zoon is!

Zoonschap definieerde Jezus en zijn bediening. Hij genas de zieken, preekte en profeteerde. Maar al deze dingen werden gedaan vanuit zijn innige hartsrelatie met de Vader. Hij deed niks zonder dat Hij eerst van zijn Vader hoorde. Het meest belangrijke voor Jezus was niet zijn functie of taak, maar deze innige relatie. Hij was een ware Zoon. Deze relatie is ook voor ons. We zijn zonen en dochters van de Vader en kunnen dezelfde relatie met Hem hebben die Jezus had. Dit is niet een toevoeging of optionele extra. Het is waar we voor gemaakt zijn. *'En omdat u zijn kinderen bent, heeft God ons de Geest van zijn Zoon gegeven, die* 'Abba, *Vader' roept. U bent nu geen slaven meer, u bent kinderen van God.'* (Galaten 4:6-7)

Als we het hart van een zoon hebben worden we aangetrokken door de Vader. Denk aan een magneet. Afhankelijk van hoe het geplaatst is zal het ofwel aantrekken of afstoten. Een wees stoot af omdat Hij zichzelf wegduwt van de Vaders liefde. Wanneer de Vader dichterbij komt springt hij de andere kant op. Draai de magneet rond en het hecht zich in één keer aan het andere voorwerp. Zo is een zoon. Hij wordt aangetrokken door de Vaders liefde. Psalm 40:9 beschrijft het hart van een zoon: *'Uw wil te doen, mijn God, verlang ik, diep in mij koester ik uw wet.'* Als zoonschap een deel van ons wordt, verlangen we ernaar de wil van de Vader te doen. Gehoorzaamheid is niet langer een gevecht of iets dat we moeten doen. Het wordt natuurlijk, want we doen het vanuit ons hart en uit liefde.

De Vader verlangt ernaar je welkom terug bij Hem te heten, en terug naar je echte thuis. We zijn niet langer wezen, maar zonen. We kunnen kiezen om met opluchting weg te blijven van slavernij en zonde, of om binnen te gaan in de volheid van relatie die voor ons is door genade. S.O.S. kan echt een geval van leven of dood zijn. Je bent geboren om een zoon of een dochter te zijn. Neem met minder geen genoegen.

In het volgende hoofdstuk zullen we hier verder naar kijken aan de hand van een bekend verhaal.

Hoofdstuk 8

Een vader en zijn zonen

'Iemand had twee zonen. De jongste van hen zei tegen zijn vader: "Vader, geef mij het deel van uw bezit waarop ik recht heb." De vader verdeelde zijn vermogen onder hen.'
(Lukas 15:11-12)

Het verhaal van de verloren zoon is één van de bekendste verhalen uit de Bijbel. Het is een verhaal over het hart van de Vader en zijn buitengewone liefde. Het vertelt over Gods overweldigende verlangen naar relatie met zijn kinderen, ondanks hun falen en tekortkomingen. En het is een verhaal over **onze** harten.

In het vorige hoofdstuk zagen we hoe de Vader verlangt naar zonen en dochters die in een intieme relatie met Hem leven, en die het fijn vinden in zijn aanwezigheid te zijn. Vaders verlangen is dat we de boeien van religie en verplichting van ons af zullen gooien, en een leven vol genade leven door relatie met Hem.

Laten we eens kijken naar de twee zonen in het verhaal en zien hoe dit uitwerkt in hen.

De jongste zoon
Hij wilde zijn erfenis! Hij wilde het zo graag dat hij bereid was zijn vader te schande te maken door erom te vragen, nog voordat hij was

overleden. Waarschijnlijk werd hij niet op een morgen wakker, en besloot hij in een impuls zijn vader te vragen om zijn deel van het familiebezit. Ik denk dat hij al maanden plannen aan het maken was, en uitdacht hoe Hij dit zou gaan aanpakken. Gefrustreerd in zijn werk op de boerderij, kijkend naar het geld op de bank en dromend over alle dingen die Hij daarmee kon doen, nam hij uiteindelijk het besluit zijn deel te nemen. En te beginnen aan een leven in vrijheid.

Wat hij echt wilde was zijn eigen verlangens bevredigen. Hij dacht niet aan zijn vader of aan zijn loyaliteit tegenover zijn broer. Hij wilde zichzelf gelukkig maken, gaan waar hij maar heen wilde, zijn eigen leven inrichten en zijn lot in eigen hand nemen. Het was een egocentrische beslissing.

Hij moet hebben geweten dat hij niet het recht had om zijn deel van de erfenis op te eisen. Maar hij vond het krijgen van zijn deel belangrijker dan de verstandhouding met zijn vader en met de rest van de familie. Natuurlijk weten we dat hij het recht niet had dit te doen. Maar in zijn verblinde hart zag deze jongen dat niet, omdat Hij alleen aan zichzelf en aan de invulling van *zijn* behoeften dacht.

Ik vraag me af wat ik als vader zou hebben gedaan. Ik denk dat ik niet toegegeven zou hebben, en hem niet zou hebben gegeven waar Hij om vroeg. Misschien zou ik met hem gaan zitten en proberen met hem te praten om hem op andere gedachten te brengen. Of misschien zou ik hem een maandelijkse toelage hebben gegeven, en hem hebben geholpen bij het beheren daarvan. Hoe dan ook, de vader verdeelde zijn bezit tussen zijn twee zonen en liet zijn jongste zoon zijn eigen weg gaan. Het verhaal vertelt ons niet of hij hem nog van zijn plan af probeerde te brengen. Korte tijd later vertrok de jongen naar een ver land, waar hij al zijn geld uitgaf. In zijn hart was Hij niet langer zijn vaders zoon, Hij had het heft in eigen handen genomen, om zo zijn leven te kunnen leven zonder bemoeienis van een ander.

We weten niet hoe lang het duurde voordat het geld van de jongen opraakte. We weten alleen dat hij, zolang hij geld had, 'vrienden' had - mensen die om hem heen hingen om wat ze van hem konden krijgen. Ze verzamelden zich om hem heen als aasgieren rond een karkas. Alles wat ze van hem wilden, was dat Hij het volgende rondje zou betalen, het volgende feest zou geven, en hen zo de mogelijkheid zou geven zich te wentelen in nog meer slechtheid. Toen het geld opraakte, waren ze nergens meer te bekennen. Als aasgieren lieten ze het skelet achter op de grond om zich op het volgende naïeve slachtoffer te storten.

Uiteindelijk besloot de berooide zoon naar huis te gaan en werk te zoeken in zijn vaders huis: niet als een zoon, maar als een werknemer. Zijn 'geef me' houding was veranderd in een houding van 'verander mij'. Hij was op een punt waar Hij kon beginnen aan een proces van verandering, en vergeving kon zoeken. Hij kon nog niet geloven dat hij hersteld zou worden in de familie. Alles wat hij zocht was werk, eten en onderdak. En misschien een begin van verzoening met zijn vader. Hoe verrast moet hij zijn geweest toen hij zijn vader naar buiten zag rennen om hem te ontmoeten. Hij dacht misschien wel dat hij nu alle straf kreeg die Hij verdiende!

De oudste zoon

Iets dat we vaak vergeten is dat de oudste zoon ook zijn deel van de erfenis ontving. Het verhaal zegt dat de vader zijn nalatenschap verdeelde tussen zijn beide zonen.

Terwijl de jongste zoon rebelleerde en wegging, bleef de oudste zoon thuis en werkte op de boerderij. Toen zijn broer terugkeerde was hij woedend. Het duidelijke onrecht komt naar buiten: "Ik heb *altijd* voor u gewerkt, en u hebt me nooit ook maar *iets* gegeven", doet hij zijn beklag bij zijn vader. In zijn ijver voor recht en gerechtigheid vergeet hij dat hij ook zijn deel van de erfenis heeft gekregen. In zijn hart heeft hij nooit kunnen ontvangen wat zijn vader voor hem had. Hij zat opgesloten in een cirkel van werk, presteren en plicht. De vader was heel genereus geweest naar zijn beide zonen. En de oudste zoon was niet weggegaan om zijn deel erdoorheen te jagen. Hij had nooit ontvangen of op waarde geschat wat hem was gegeven.

Net zoals de vader zijn jongste zoon tegemoet gekomen was, zo ging hij ook naar zijn oudste en probeerde met hem te praten. Hij wilde hem naar het centrum van zijn hart trekken. Voor zover we weten gaf deze oudste zoon niet toe en hij kwam niet naar binnen om deel te nemen aan het feest.

Ook de oudste was gestopt een zoon voor zijn vader te zijn. In zijn hart vond hij hun relatie niet belangrijk. Hij was ook enkel op zijn eigen belangen uit. Maar waar zijn jongere broer dat uitte in rebellie en zonde, uitte hij het op een plichtmatige religieuze manier.

Beide zonen hadden een heel beperkt begrip van hun vaders vrijgevigheid en liefde voor hen. Beiden hadden ze het gevoel dat ze het moesten *verdienen.*

De vader

De vader kon zijn jongste de zoon de erfenis geweigerd hebben. Hij had hem kunnen dwingen thuis op de boerderij te blijven. Als Hij dat zou hebben gedaan, wat zou dat dan hebben gedaan in het hart van zijn zoon? Ik denk dat het hem zou hebben verhard, hem nog meer zou hebben laten rebelleren en zich afzetten tegen zijn vader.
De vader nam de moeilijkste beslissing van zijn leven – de beslissing om zijn zoon te laten gaan. Maar tegelijkertijd bleef hij wachten en uitkijken naar de dag dat hij terug zou komen.

Toen die dag aanbrak, stuurde hij zijn zoon niet meteen naar binnen om erop aan te dringen eerst een bad te nemen voordat hij hem verwelkomde. Nee, hij sloeg zijn armen om de vieze, zwetende man heen en bedekte zijn vuiligheid met een mantel. Hij gaf hem een ring om hem te wijzen op de autoriteit van de familie en schoenen aan zijn voeten.

Terwijl de zoon opgehouden was zoon te zijn, was de vader nooit opgehouden vader te zijn. Zijn onvoorwaardelijke liefde verwelkomde de zoon terug in de familie, ondanks het vuil en de schaamte.

Het hart van de vader was ook naar de oudste zoon compleet open. Hij ging naar hem toe om hem mee te nemen naar de familie en het feest. Om hem te herinneren aan het feit dat ook hij een erfenis had gekregen. *'Mijn zoon', zei hij, 'jij bent altijd bij mij en al het mijne is het jouwe'* (vers 31).

Beide zonen leefden als slaven. De één was een slaaf van genotzucht en de ander van werk en verplichting.

Jezus gebruikt dit verhaal om ons hart bloot te leggen. En geeft ons de mogelijkheid te zien waar we staan ten overstaan van de Vader. Hebben we ons ingegraven in zonde? Leven we een leven van religieuze plicht? Geen van beiden kan ons bevredigen. En Jezus toont ons een andere weg.

Voor ieder van ons is er een weg terug naar relatie met de Vader. Een relatie die niet gebaseerd is op werk, prestatie of plicht. En ook is die niet afhankelijk van het leiden van een leven zonder zonde. Het is een relatie waarin we geaccepteerd worden om wie we zijn, niet om wat we hebben gedaan. Veel mensen in de kerk hebben het gevoel dat ze niet dicht bij God kunnen komen door schaamte over zonde uit het verleden (of het heden). Ze voelen zich van God verwijderd en hopeloos en geloven dat ze niet dicht bij het hart van de Vader kunnen komen.
Anderen denken dat als ze maar een leven leiden vol van goede werken en dienstbaarheid, ze dan

misschien een kans maken op de goedkeuring van de Vader. In beide gevallen kunnen we vast komen te zitten in wanhoop en ons ver verwijderd voelen van de Vader.

Het verhaal van de twee zonen en hun buitengewoon liefdevolle vader geeft ons hoop. Jezus laat ons zien dat er een Vader op ons wacht. Hij verlangt ernaar dat zijn zonen en dochters de weg naar huis vinden. Zodat hun zonde en schaamte bedekt kunnen worden, en ze de kus van hun Vaders welbehagen kunnen ontvangen.

Niemand van ons hoeft buiten Vaders geweldige liefde te blijven. We kunnen het allemaal ervaren. We kunnen allemaal thuis komen.

In Johannes 14:1-3 wordt ons vertelt dat er een plaats voorbereid is voor ieder van ons in de aanwezigheid van de Vader. Dit is niet alleen een plaatje van ons eeuwige thuis, maar een verklaring van Gods intentie om NU bij ons te willen wonen. In vers 23 van hetzelfde hoofdstuk benadrukt Jezus dit voor ons*: 'Wanneer iemand Mij liefheeft zal hij zich houden aan wat Ik zeg, mijn Vader zal hem liefhebben en mijn Vader en Ik zullen bij hem komen en bij hem wonen.'* De vader zoekt ons om ons welkom thuis te heten, en maakt dan zijn thuis in onze harten. Dit is niet iets wat we verdienen door ons dienen of presteren, maar het is een gratis cadeau dat Jezus ons gegeven heeft. Het is onze erfenis. Jezus liet ons zien hoe we een perfecte zoon kunnen zijn. Hij deed zijn Vaders wil omdat Hij elke dag leefde in zijn aanwezigheid.

We kunnen allemaal deze thuiskomst ervaren. We kunnen allemaal Vaders onvoorwaardelijke liefde ontvangen, die vrijelijk over ons is uitgestort, en die niet verdiend kan worden door goede werken of vermoeiende inspanningen. Kunnen we het streven en de worsteling van ons christelijk leven naast ons neerleggen, en rust vinden in Hem? Wanneer we zijn liefde ontvangen, vernieuwd dat onze relatie met de Vader.

Dit verhaal stelt ons een vraag. Zijn we slaven of zonen? Een slaaf kan anderen alleen introduceren bij een meester, maar een zoon openbaart een vader.

Of we nu worstelen met zonde, of bezwijken onder taken en prestaties; er is een Vader die kijkt en wacht. Hij kijkt uit naar de dag wanneer zonen en dochters terug zullen komen en hun thuis bij Hem zullen vinden. Hij verlangt naar het moment dat Hij een mantel over onze schouders kan leggen en ons kan omarmen. Hij is de Vader die ons altijd wil ontmoeten. Hij verlangt ernaar te zeggen: 'Welkom thuis'.

Hoofdstuk 9

Het hart van een kind

Jezus zit vol verrassingen! Hij onderwees met vriendelijkheid en compassie. Hij sprak over een nieuw Koninkrijk: niet met agressie en geweld, maar van liefde. Hij bracht zijn tijd door met de armen en met mensen aan de onderkant van de samenleving, meer dan met de leiders en de mannen met macht en invloed.

Aan het einde van één van zijn onderwijzingen geeft Hij een belangrijke aanwijzing over hoe we dit nieuwe Koninkrijk kunnen binnengaan. We moeten veranderen, onszelf gering achten en worden als kleine kinderen (Mattheüs 18:3-4).
Dit moet ronduit schokkend zijn geweest voor Jezus' toehoorders! Hoe bevrijdend! Er zijn niet langer eindeloze vereisten van 'dit wel en dat niet'; niet langer voorschriften die onmogelijk te vervullen zijn. Alles wat we hoeven te doen is te komen als kleine kinderen.

Ondanks het bevrijdende van deze uitspraak vonden veel van Jezus' luisteraars dit te moeilijk. Ze waren niet in staat hun eigen kracht en vermogens aan de kant te zetten om deze mysterieuze manier om het Koninkrijk binnen te gaan te vinden. De eenvoud van het evangelie lijkt soms te zwaar of kost teveel, zoals voor de rijke jongeman in Lucas 19:16-22. Toen hij vroeg wat hij moest **doen** om eeuwig leven te verdienen, nodigde Jezus hem uit om zowel zijn rijkdom als zijn kennis van de religieuze voorschriften, waar hij op vertrouwde, op te geven. Hij werd uitgenodigd om van Jezus te leren hoe te leven in kinderlijke afhankelijkheid van een liefdevolle hemelse Vader, die zijn kinderen de 'schatten van de hemel' geeft (Mattheüs 6:20, Colossenzen 2:3).

We vragen ons af waarom we moe en opgebrand zijn als Jezus ons een leven van rust belooft! Vaak is dat omdat we dingen voor elkaar proberen te krijgen in onze eigen kracht, in plaats van zijn leiding (en voorbeeld) te volgen in het worden als een kind.

Laten we kijken naar een aantal kenmerken van kinderen, en zien hoe dit op ons van toepassing is.

Kinderen vertrouwen
Kinderen geloven simpelweg dat hun ouders zullen zorgen voor alles wat ze nodig hebben! Ze maken zich geen zorgen over waar de volgende maaltijd vandaan komt of hoe schone kleren in de kast terechtkomen. Ze vertrouwen erop dat wanneer ze iets nodig hebben, het hen gegeven zal worden. Ze hebben een beperkt tot geen begrip van het werk dat er zit in koken en schoonmaken, en in het amusement dat ze zien op tv of dvd, of in de boeken waarin dat 'verhaaltje voor het slapen gaan' staat.

Voor kinderen lijkt het alsof alles vanzelf gaat. Hun ouders lijken precies te zien wat ze nodig hebben, en weten het op de juiste tijd te geven.

Jonge kinderen in het bijzonder hebben een eenvoudig, maar diep vertrouwen. Als we ouder worden verliezen we dit vermogen, omdat we ons er van bewust worden dat de motieven van anderen niet altijd zuiver zijn. Wat ons wantrouwend maakt.

Psalm 22:10 vertelt ons dat God ons maakte met dit simpele kinderlijk vertrouwen. Zoals een kind zijn ouders vertrouwt, zo wil Hij dat we Hem vertrouwen voor alles wat we nodig hebben. Als de perfecte Vader kan Hij ons alles geven wat we nodig hebben, op het moment dat we het nodig hebben. Hij is altijd Dezelfde en altijd betrouwbaar.

Kinderen zijn afhankelijk
Het leven van een kind ligt in iemand anders' hand. Ze zijn afhankelijk van anderen: om er voor hen te zijn, en om consequent en veilig te zijn. Ze vertrouwen op hun ouders om hen van school op te halen en hen te eten te geven. Ze hebben het nodig dat er voor hen gezorgd en van hen gehouden word. Als ouders niet betrouwbaar zijn kan een kind nergens anders heen.

Als we groter worden leren we meer te vertrouwen op onze eigen kracht en mogelijkheden. Er is een gezonde vorm van onafhankelijkheid die deel is van het opgroeien. We leren ons zelf aan te kleden, veilig de straat over te steken, en verantwoordelijk te zijn voor de beslissingen die we nemen. Maar er is ook een andere onafhankelijkheid. Die komt van de rebellie, door onze gevallen staat. We hebben een houding die zegt 'ik doe het wel op mijn manier', of 'ik kan niet vertrouwen op andere mensen'. Dit is de onafhankelijkheid waar Jezus op doelt , wanneer Hij ons vraagt te worden als een kind.

God roept ons om op Hem te vertrouwen (Mattheüs 6:25-33), omdat Hij volledig betrouwbaar is. Omdat Hij er altijd voor ons is, zal Hij ons nooit laten vallen. Waar we ook heèn gaan, niets kan ons scheiden van zijn liefde en aanwezigheid. Er is geen enkele situatie die we niet aan Hem kunnen geven. Hij is volledig te vertrouwen.

Kinderen zijn zorgeloos

Kinderen doen geen risico inventarisatie voordat ze iets nieuws ondernemen! Ze handelen, zonder over de consequenties na te denken. Ze maken zich alleen druk nadat ze op hun gezicht zijn gevallen. Angst voor het onbekende kan ons verlammen en ons tegenhouden om die zorgeloze stappen in geloof te zetten.

Omdat onze Vader zo betrouwbaar is , kunnen we in zijn aanwezigheid zijn zonder zorgen. De hemelse hulpmiddelen staan tot onze beschikking, dus we kunnen risico's nemen in geloof. God is niet geïnteresseerd in een uitgewerkt plan waar alles van tevoren uitgedacht is. Hij wil dat zijn kinderen vrij zijn in zijn aanwezigheid. Hij wil dat we de vrijheid hebben die voortvloeit uit het kennen en ervaren van zijn liefdevolle zorg voor ons.

We kunnen, vrij eenvoudig, onze lasten op Hem leggen, want Hij zorgt voor ons en heeft belooft ons niet te laten vallen (1 Petrus 5:7, Psalm 55:23).

Kinderen zijn onschuldig

Onschuld is onbedorven eenvoud. Kinderen verbergen zich niet achter een beschermend masker. Ze dragen het hart op de tong! Als volwassenen besteden we teveel tijd aan het zoeken van populariteit of aan het behagen van anderen door ons echte zelf weg te stoppen. Kinderen hebben deze pretenties niet. Ze maken zich niet druk over hoe het eruitziet als ze een ruimte instormen en naar hun ouders rennen om hen hun laatste overwinning te vertellen of hun nieuwste ontdekking te laten zien. Ze zijn in het geheel niet bezorgd over de reactie, of het verwijt dat zou kunnen volgen. Ze zien de dingen eenvoudigweg zoals ze zijn.

In de aanwezigheid van onze Vader kunnen we onze maskers afdoen. Zijn liefde geeft ons een mate van veiligheid die het ons mogelijk maakt de onbedorven eenvoud terug te vinden, die we zo gemakkelijk verliezen.

Kinderen hebben liefde nodig

We zijn gemaakt voor liefde. We zijn allemaal geboren met de behoefte aan constante liefde en affectie. Omdat onze ouders ons niet al de liefde konden geven die we nodig hadden als kinderen, gaan we het volwassen leven in met een 'tekort aan liefde'. Dat is er de oorzaak van dat we liefde gaan zoeken op andere plaatsen. Er zijn vandaag de dag vele valse minnaars in de wereld. En zonder een goed fundament van liefde zullen we achter hen aan gaan, om zo onze behoefte aan die liefde te bevredigen.

God is liefde. Wanneer we tot Hem komen, komen we bij liefde. 1 Johannes 3:1 zegt dat God zijn liefde over ons *uitstort*. Net zoals een kind liefde nodig heeft, zo hebben we het allemaal nodig om de perfecte liefde van onze Vader te kennen en te ontvangen.

Kinderen hebben hun ouders nodig

Kinderen hebben net zoveel sturing en discipline van hun ouders nodig als dat ze hun liefde, koestering en zorg nodig hebben. Ouders leiden kinderen door een uitdagende wereld, stellen waar nodig grenzen, en geven vrijheid op de daarvoor geschikte leeftijd.

Als kinderen van de Vader hebben we ook zijn leiding en discipline net zo nodig als zijn liefde, koestering en zorg. We hebben de grenzen nodig die Hij stelt en de vrijheid die Hij ons geeft. Wanneer we het alleen, zonder Hem, proberen te redden, stellen we onszelf bloot aan teleurstelling en burn-out.

Kinderen imiteren hun ouders

Heb je je ooit omgedraaid terwijl je ergens mee bezig was, en één van je kinderen bezig zien je te imiteren? Hoe vaak zien we ze niet dat ze onze manieren overnemen, en onze favoriete zinnen gebruiken. Vooral, zo lijkt het tenminste, de meest vervelende! Dat is wat kinderen doen; ze zijn altijd aan het observeren en ze leren veel meer van wat we doen dan van wat we zeggen.

Dat is wat Jezus deed! Hij deed wat Hij zijn Vader zag doen en Hij zei wat Hij zijn Vader hoorde zeggen. Het was echt: 'zo vader, zo zoon'! Paulus spoort ons in Efeze 5:1 aan om imitators van God te zijn en een leven van liefde te leiden.

Kinderen gebruiken hun verbeelding

Ze dromen GROTE dromen! In het creatieve denken van een kind is niets onmogelijk. Ze kunnen naar de maan en terug gaan in een kruiwagen. De held kan eindeloze kilometers gaan door vele gevechten en moeilijkheden om zijn prinses te redden. Kinderen zijn vol creativiteit en fantasie. Maar triest genoeg raakt dit door de jaren heen vaak afgestompt.

Maar onze Vader kan veel meer doen dan we kunnen vragen, of ons zelfs maar kunnen voorstellen (Efeze 3:20-21). Hij heeft een GROOT plan voor ons (1 Corinthiërs 2:9). Hij wil onze verbeelding en creativiteit nieuw leven inblazen.

Kinderen weten hoe ze tot rust kunnen komen

Ze rennen de hele dag in het rond en zijn constant bezig, tot vermoeienis van hun ouders. Maar eenmaal in bed vallen ze in slaap zodra hun hoofd het kussen raakt! Wanneer ze moe worden van al de activiteit weten kinderen hoe ze naar binnen kunnen rennen, en op papa of mama's schoot klimmen. Ze weten hoe ze rust kunnen vinden, een vaardigheid die we als volwassene zo gemakkelijk kwijtraken.

Jezus leefde een vol en druk leven. Hij stond onder dezelfde druk als wij, maar Hij nam de tijd om bij zijn Vader te zijn. Hij verwijderde zichzelf van de druk en rustte. Dit was niet alleen een externe en fysieke rust. Zijn hart was in rust omdat Hij wist wie zijn Vader was! Hij bezat zoveel rust dat Hij door een storm op zee heen kon slapen in een kleine open boot.

Deze rust ontglipt ons vaak, maar het is wat Jezus beloofde. De Engelse vertaling 'The Message' zegt het zo:

'Are you tired? Worn out? Burned out on religion? Come to Me. Get away with Me and you'll recover your life. I show you how to take a real rest. Walk with Me and work with Me – watch how I do it. Learn the unforced rhythms of grace. I won't lay anything heavy or ill-fitting on you. Keep company with Me and you'll learn to live freely and lightly.' (Matthew 11:28-30)

('Ben je moe? uitgeput? Opgebrand door religie? Kom bij Mij. Kom met Me mee en je leven zal herstellen. Ik laat je zien hoe je echte rust kunt vinden. Wandel met Mij en werk met Mij – kijk hoe Ik het doe. Leer het ongedwongen ritme van genade. Ik zal niets zwaars of slecht passends op je leggend. Blijf bij Mij en je leert vrij en licht te leven.'
Mattheüs 11:28 – 30)

Kinderen hebben nooit genoeg
Ze willen altijd meer en zijn niet bang erom te vragen!

Jezus biedt ons iets aan. Als we dorst hebben kunnen we komen en drinken. Als we iets te drinken vragen, zullen stromen van levend water uit ons vloeien. Deze uitnodiging wordt ook gegeven door de profeet Jesaja*: 'Hierheen! Hier is water, voor ieder die dorst heeft. Kom, ook al heb je geen geld. Koop hier je voedsel en eet. Kom, koop voedsel zonder geld, koop wijn en melk zonder betaling.'* (Jesaja 55:1)

Neem geen genoegen met dingen die niet verzadigen; verlang naar het leven van God en jaag het na. Het is een oneindige stroom van leven.

*****

Jezus zei dat we moeten *veranderen*, onszelf gering achten en worden als kinderen. Om de erfenis die ons beloofd is te kunnen ontvangen moeten we veranderen. En onze wereld wijsheid, ons streven, onze plannen en programma's loslaten. We moeten stoppen met het proberen onze identiteit te vinden in 'doen' en het in plaats daarvan vinden in het 'zijn' van een zoon of dochter van de Vader.
Om een stap terug te doen van al die dingen, die we in onze eigen kracht en motivatie doen, is het nodig dat we nederig worden (dat is ons vernederen), en onze trots en onafhankelijkheid laten gaan. We kunnen leren te leven in liefde, in plaats van in activiteiten. We kunnen leren dat van eenvoud een kracht uitgaat die we voorheen niet kenden of ervoeren. We merken dat Gods kracht volledig tot uiting komt in onze zwakheden. Jack Deere schrijft in zijn boek 'Surprised by the power of the Spirit' (Verrast door de kracht van de Geest): "De bediening van

wonderen, die Jezus had, was totaal afhankelijk van zijn intimiteit met de Vader."[1]

Dit is een eenvoudige maar krachtige manier van leven. Het is de manier waarop Jezus zijn leven leefde. En we weten wat voor buitengewone dingen er door Hem heen gebeurden.

Dit is voor veel mensen moeilijk. Het is niet makkelijk om los te laten. Het is niet makkelijk om vernederd te worden voor de ogen van vrienden of familie. Het omarmen van een kinderlijk hart is misschien niet vanzelfsprekend voor ons, maar het is de sleutel om te leven zoals Jezus dat deed. Het Koninkrijk van God is de erfenis voor de zoons en dochters van de Vader. Het wordt niet gegeven aan slaven, maar aan zonen. Het wordt niet gegeven aan de sterken, maar aan de zwakken.

In het volgende hoofdstuk zullen we verder naar zwakheid kijken.

Noten:

1. *Surprised by the power of the Spirit – pagina 152, Jack Deere*

Hoofdstuk 10

Gedragen door onze Vader

'De HEER, uw God, die voor u uit gaat, zal immers voor u strijden. U hebt toch gezien hoe Hij het in Egypte voor u opnam, en ook in de woestijn, waar u ervaren hebt dat de HEER, uw God, u gedragen heeft zoals een vader zijn kind draagt, de hele weg die u gegaan bent, tot uw aankomst hier.' (Deuteronomium 1:30-31)

We leven in een maatschappij die bol staat van de concurrentie. Scholen, universiteiten, sportclubs en zelfs familie dringt erop aan dat we de beste moeten zijn. We moeten vechten voor onze plek aan de top van de voedselketen. We hebben geleerd dat het tonen van zwakte verkeerd is. Het trieste hiervan is dat deze gedreven levensstijl ook in ons christelijke leven binnenstroomt. We denken aan alle dingen die **wij** kunnen doen voor God - alsof Hij onze hulp nodig heeft! We denken soms dat we zijn gunst kunnen winnen door al onze activiteiten. En dat we door het doen van onze religieuze plicht zijn zegen krijgen, en zijn aandacht op ons vestigen.

De Bijbelse realiteit is heel anders. Onze relatie met God is niet gebaseerd op ónze werken, maar hangt alleen van Hem af.

De verzen aan het begin van dit hoofdstuk geven ons een prachtige blik in het hart van de Vader. Mozes herinnert de Israëlieten aan hun verhaal: hoe ze werden bevrijd uit gevangenschap in

Egypte, de Rode Zee overstaken, en door de woestijn naar het Beloofde Land werden geleid. Mozes laat deze mensen de trouw van God en zijn buitengewone voorziening voor hen zien.

Het verhaal van de natie van Israël is er één van geweldige wonderen, en van de ongelooflijke tussenkomst van een grote God. Hij versloeg Farao, spleet de Rode Zee in tweeën, en voorzag in voedsel en water in een dorre woestijn. Kort na de dood van Mozes scheidde Hij de rivier de Jordaan en won daarna een bovennatuurlijk militair gevecht tegen de stad Jericho. We zien hier een God die alles doet voor zijn volk. Het enige, wat zij hoefden te doen, was hun vertrouwen stellen in Hem.

Mozes draagt het volk op niet bang te zijn, omdat God voor hen uit is gegaan, en voor hen heeft gevochten. Hij droeg ze, zoals een vader zijn zoon draagt, de HELE weg, totdat ze bij 'deze plaats' kwamen.

Aan het einde van Mozes' leven zien we een andere illustratie van het verlangen van de Vader om ons te dragen. Wanneer Mozes kort voor zijn dood het volk zegent, herinnert Hij hen eraan dat de eeuwige armen van God altijd onder hen zijn (Deuteronomium 33:26a).

Wat interessant is aan deze gebeurtenissen is, dat het volk herhaaldelijk rebelleerde tegen God en hun eigen weg wilde gaan. Maar dat God toch komt en met tederheid, en zegt dat Hij hen zal dragen.

Op dezelfde manier wacht Hij ook niet tot wij alles op een rijtje hebben, en ons leven op orde is, voordat Hij ons helpt. Hij is bereid ons te helpen in onze zwakheid, onafhankelijkheid en rebellie. Hij draagt ons omdat Hij van ons houdt, niet omdat we het verdiend hebben.

We denken vaak dat God onze lasten van ons wil overnemen en ons bevrijdt van het gewicht dat we daardoor met ons meedragen. We kunnen denken dat Hij naast ons loopt en onze lasten draagt terwijl wij vrij rondrennen. God wil niet alleen onze lasten van ons afnemen, Hij wil ons ook dragen! In feite belooft Hij ons de HELE weg te dragen. Hij raakt nooit moe of uitgeput, en Hij hoeft ons ook niet even neer te zetten voor wat rust. Hij is in staat ons de hele weg te dragen, wat het leven ook voor ons in petto heeft.

We denken misschien dat het allemaal van óns afhangt. We kunnen denken dat we van alles voor God moeten doen in onze eigen kracht. Maar zijn hart is het om ons te dragen, zoals Hij het volk van Israël droeg. Hij is een Vader die ernaar verlangt zijn kinderen te dragen. Zoals we in het vorige hoofdstuk zagen moeten we veranderen en worden als kleine kinderen, zodat dit werkelijkheid voor ons kan worden.

Onze cultuur waardeert kracht. Maar uiteindelijk kan onze activiteit ons zo in beslag nemen dat we uitgeput achterblijven. God weet dit, en daarom wil Hij ons dragen. Hij kent de grenzen van onze mogelijkheden. Hij kent de kwetsbaarheid van de mens, en Hij nodigt ons uit ons terug te laten vallen in de veiligheid en sterkte van zijn armen.

Het erkennen van onze zwakte is de doorgang naar het vinden van de ultieme krachtbron. Als we onszelf toestaan gedragen te worden, vinden we een plaats van veiligheid en zekerheid.

In Jesaja 40 vinden we een prachtig voorbeeld van de sterkte en troost van God. We lezen over zijn kracht en majesteit als Hij de oceanen uitmeet en de bergen weegt. We lezen over de grootheid van zijn denken en de enorme reikwijdte van zijn wijsheid en inzicht. Maar we lezen ook over de tedere woorden die Hij spreekt tot zijn volk en de troost die Hij ons laat zien. We zien een plaatje van een grote God, die komt in grote kracht (vers 10). Maar we zien ook zijn vriendelijke compassievolle hart (vers 11):

'Als een herder weidt Hij zijn kudde: zijn arm brengt de lammeren bijeen, Hij koestert ze, en zorgzaam leidt Hij de ooien.'

Hij is de almachtige God. Toch draagt Hij zijn uitverkorenen dicht tegen zijn hart, net zoals een herder zijn lammeren draagt.

Dit zijn twee aspecten van dezelfde God, en beide zijn waar. Hij is de Almachtige, de indrukwekkende God, die sterk is in het gevecht. Maar als dat het enige plaatje is dat we van Hem hebben, zullen we Hem zien als afstandelijk. En als gevolg daarvan als boos en veroordelend. Als we God alleen zien als Degene die de bergen weegt en grenzen aan de zee stelt, ontzeggen we onszelf de mogelijkheid om dichtbij Degene te komen die werkelijk de God van liefde is.

Dit betekent niet dat God onverschillig is over zonde. Hij haat zonde, en die haat is een uiting van zijn liefde. Want zonde vernietigt de levens van zijn geliefde kinderen en scheidt ze van Hem. Daarom bukt Hij zich en neemt Hij ons in zijn armen. Zoals we lazen in hoofdstuk 8 is God een Vader die altijd bereid is zijn kinderen welkom thuis te heten. En om hun zonde te bedekken met een mantel van gerechtigheid. Wanneer we leren in liefde te leven, zullen we zonde net zo haten als Hij doet.

We hebben een Vader die ons in liefde naar zich toetrekt, en die voor ons zorgt. Hij koestert ons en Hij overspoelt ons met liefdevolle vriendelijkheid. Zijn kracht komt tot perfectie in onze zwakheid. Het kan moeilijk zijn om onze eigen kracht los te laten, omdat dat ingaat tegen veel van wat we geleerd hebben in onze opvoeding. Maar als we dat toch doen, realiseren we ons dat, door onze zwakte te erkennen, zijn sterkte en kracht effectiever kunnen opereren.
Als wij aan de kant stappen, zal zijn glorie schijnen. En de mensen om ons heen zullen Hem en zijn liefde beginnen te zien, in plaats van ons en onze imperfectie.

We kunnen aan Jezus denken als aan een sterke man die alle mogelijke geweldige wonderen kon doen. Toch vertelt Hij ons dat Hij niets uit Zichzelf kon doen, omdat Hij helemaal vertrouwde op zijn Vader. Ik stel me voor dat Hij, terwijl Hij rondwandelde, naar zijn Vaders stem luisterde die Hem leidde naar de man of vrouw die genezing nodig had. Of naar de vertrapte, die zijn woorden van leven moest horen. Ik vraag me af of Hij op het water gelopen zou kunnen hebben zonder dat de woorden van zijn Vader Hem daartoe in staat stelden?

In Mattheüs 11 krijgen we een korte blik in Jezus' leven. Hij zegt daar dat de geheimen van het Koninkrijk niet bekend gemaakt worden aan de wijzen en geleerden - degenen die eruit zien alsof ze alles op een rijtje hebben. Ze worden gegeven aan hen die, als kleine kinderen, zwak zijn, maar met een open hart. Jezus had deze geheimen van wijsheid en leiding van zijn Vader duidelijk ontvangen. Dus moet Hij dat hart van een kind gehad hebben, waartoe Hij zijn toehoorders oproept het te zoeken. Jezus wist wat het is om gedragen te worden door zijn Vader.

Jezus begreep de kracht van zwakheid. Hij wist dat Hij niets kon doen zonder van zijn Vader te horen. Hij wist dat, als het van Hem af zou hangen, zijn 'bediening' erg beperkt zou zijn.
Hij wil dat wij dit ook begrijpen. Want in Johannes 15:5-8 zegt Hij dat wij zonder Hem niets kunnen doen. De enige manier waarop we vruchtbaar kunnen zijn, dat is door in Hem te blijven zoals Hij in de Vader blijft. Een leven dat gescheiden van Jezus wordt geleefd, is als een tak die geen vrucht draagt. Die vervolgens afgehakt en in het vuur geworpen wordt!

We kunnen zo veel leren van het leven van Jezus. In Johannes 17:24 bid Hij dat wij zullen zijn waar Hij is. Waar is Hij nu? Hij is aan zijn Vaders zijde, gezeten aan de rechterhand van God in glorie. Wacht even! Zegt Jezus echt dat wij kunnen zijn waar Hij is? Kunnen wij ook aan de Vaders zijde zijn? Paulus benadrukt dit voor ons in de brief aan de Efeziërs. Eerst maakt Hij in hoofdstuk 1 een opsomming van de geweldige geestelijke zegeningen die voor ons bestemd zijn door Christus. Dan schildert Hij het plaatje van ons nieuwe leven. We zijn levend gemaakt door Christus. En ja, we zijn met Hem gezeten in de hemelse gewesten (Efeze 2:6).

Het is in feite nog intiemer dan dat. Jezus kwam van het hart van de Vader (Johannes 1:18). Hij kwam van een heel veilige, warme en troostrijke plaats, en Hij verwelkomt ons in diezelfde plaats. Als we in Christus leven, dan leven we ook in de Vader.

Het zijn niet de sterke of onafhankelijke mensen die iemand nodig hebben om gedragen te worden. Het zijn degenen die hun eigen zwakte kennen, en die begrijpen dat er onvoorwaardelijk van hen gehouden wordt, die zich door de Vader laten dragen.

Jezus' uitnodiging in Mattheüs 11:28 om tot Hem te komen, is een uitnodiging om onze eigen kracht aan de kant te zetten, en het verlangen om naam te maken los te laten. Om te stoppen met het bouwen van ons eigen koninkrijk, en simpelweg bij Hem te komen en ons door Hem te laten dragen. Misschien heb je de moed opgegeven, altijd maar proberend om het goede te doen, en een acceptabele christen te zijn. Diep vanbinnen weten we wel dat we zwak zijn, maar er is iets dat ons voortdrijft om door te gaan in onze eigen kracht. We leven op een niveau van presteren dat ons zo vaak breekt. Of de mensen om ons heen tot wanhoop brengt, omdat ze geen kans zien hetzelfde niveau van prestatie te bereiken.

We kunnen ons afvragen waarom onze kerken niet groeien. Maar als we niet het leven van rust leven dat Jezus ons beloofde, moeten we misschien stil staan en onszelf vragen: 'Zou iemand zo'n leven willen als het mijne?' John Eldredge beschrijft de kerk van nu als moe, uitgeput en verveeld.[1] Waarom zou iemand bij een 'club' willen horen die deze manier van leven promoot! Jezus belooft ons een leven van rust:
'Kom naar Mij, jullie die vermoeid zijn en onder lasten gebukt gaan, dan zal Ik jullie rust geven.' (Mattheus 11:28) Dit aanbod is gratis, maar jammer genoeg kiezen we er niet altijd voor het aan te nemen.

Het zijn uiteindelijk niet onze woorden die anderen beïnvloeden, maar het is onze manier van leven. Als we mensen vertellen dat we de waterpokken hebben terwijl het eigenlijk de mazelen zijn, zullen het de mazelen zijn waar ze mee besmet raken, niet de waterpokken. Ons leven is een veel krachtiger getuigenis dan de woorden die we zeggen of de instituten die we bouwen.

Als we willen veranderen en bereid zijn onze zwakheden te erkennen , kunnen we ons door Hem laten dragen. Wat een veilige haven zullen we dan vinden. Het is dan dat onze levens de echte boodschap van het evangelie worden.

Op YouTube is er een bijzonder krachtige video te vinden, getiteld 'Team Hoyt'. Hier is een team bestaande uit vader en zoon te zien, die samen meedoen aan een triatlon. De zoon wilde aan deze marathon meedoen, dus trainden ze samen voor het hardlopen, zwemmen en fietsen. Een zeer zware opgave voor wie dan ook! De dag van de marathon nadert en de video begint met beelden van de vader, zwemmend in de zee, met de zoon achter hem aan in een rubberboot. De vader sleept zijn zoon door het water voor meer dan drie kilometer, fietst daarna 180 kilometer op een speciaal gebouwde tandem, en rent uiteindelijk een marathon, zijn zoon in een rolstoel vooruitduwend. De zoon is ernstig gehandicapt. Hij kan niet lopen of praten, en toch is Hij de inspiratie voor deze bovenmenselijke gebeurtenis.

Wanneer ze uiteindelijk over de finishlijn gaan is het gezicht van de jongen één grote lach als Hij zijn armen omhoog steekt als een teken van overwinning. Hij gaat over de lijn en heeft de race 'uitgelopen'. Het maakt hem niet uit dat hij bijna niets heeft gedaan; behalve gesleept, gedragen en geduwd te worden door zijn vader. Hij voelt de vreugde en voldoening van het weten dat hij een triatlon heeft volbracht.

Dit is waar Mozes het over heeft als Hij zegt dat God ons draagt. Alle prestaties liggen bij onze Vader, maar wij delen in de vreugde van de overwinning!

Noten:

1. 'Waking the dead' – pagina 7, John Eldredge

Hoofdstuk 11

Een wijd open ruimte

'Dus wanneer de Zoon u vrij zal maken, zult u werkelijk vrij zijn.' (Johannes 8:36)

Ik vraag me af welke associatie jij hebt met het woord 'vrijheid'? Voor sommigen zal het de film "Braveheart", en het verlangen in William Wallace's hart voor een vrij Schotland zijn. Voor anderen is het misschien een verlangen te ontsnappen naar een plek waar je alleen kunt zijn, zonder verantwoordelijkheden en zorgen. Wat voor plaatje we er in ons hoofd ook bij zien, vrijheid is iets waar we allemaal naar verlangen.

Vrijheid is vrij moeilijk te definiëren. Veel mensen zeggen dat het gaat om het hebben van het recht om te doen wat je wilt, maar het is groter dan dat. Paus Johannes Paulus II zei: "Vrijheid bestaat niet in doen wat we maar willen, maar in het hebben van het recht te doen wat we moeten doen".[1] Vrijheid is niet doen wat je wilt, maar totaal ongeremd zijn in het leven dat God voor ons bedacht heeft. Vrijheid heeft grenzen, die er niet zijn om ons te beperken, maar om ons te beschermen. Het lijkt alsof een trein wordt beperkt door de rails, maar het is die rails die het middel is voor vrijheid. De trein kan nergens heen zonder de rails. Voor een auto zou het onmogelijk zijn vrij rond te rijden op treinrails, omdat de rails zijn bewegingsvrijheid zouden inperken. Een auto heeft een weg nodig, een trein de rails. Vrijheid betekent niet dat we alles onder controle moeten hebben. Integendeel, het betekent dat we in staat zijn de controle aan God te geven, die uiteindelijk de enige is die onze verlangens kan vervullen.

Jammer genoeg roemt onze cultuur beroemdheden, van wie hun ongelimiteerde rijkdom hen toestaat bijna alles te hebben wat ze willen. Hun leefstijl wordt in de media geportretteerd als totale vrijheid, zodat men ons wil laten geloven dat ze alles, wat ze maar wensen, met geld kunnen kopen. Het lijkt alsof ze leven in een probleemvrije bubbel, waar de rest van ons alleen maar van kan dromen.
Toch is er vaak wanhoop in hun hart, als ze zich realiseren dat geld niet het antwoord is op alles wat ze nodig hebben. We lezen over verbroken relaties en een onrustige manier van leven, die duidelijk niet bevredigd is door de aanwezige ongelimiteerde rijkdom. Interessant is wat Mike Tyson eens zei: "Echte vrijheid is niets te hebben. Ik was vrijer toen ik geen cent had".[2]

Geld is absoluut niet de sleutel naar vrijheid!

Jezus wist wat het was om vrij te zijn. Hij was niet gebonden door de beperkingen van de mensheid. Ook al was Hij mens geworden, zijn leven was een rijkdom aan menselijke activiteit. Waarbij wonderen "van boven" de standaard waren. Bij één van zijn eerste publieke optredens veranderde Hij water in een grote hoeveelheid excellente wijn. Hij voedde meer dan vijfduizend mensen met vijf sneetjes brood en twee kleine vissen. Hij liep op water. Hij kon een rampzalige nacht vissen omkeren in een overvloedige vangst. Hij kon belasting betalen door een munt te vinden in een vissenbek. Hij genas de lammen, de melaatsen en de blinden. Hij vertelde eenvoudige verhalen die de wijzen verwarden en de luisterende harten vrijzetten. Maar echte vrijheid gaat verder dan het bovennatuurlijke. Het is vrijheid van gebondenheid aan verslaving en prestatie, en van de noodzaak gelijk te hebben. Het is de vrijheid om te vergeven en van anderen te houden, wat het ook kost. Het is vrijheid van angst, egoïstische woede en de behoefte aan wraak.

Jezus leefde een leven van vrijheid. Hij was vrij om de vriend van 'zondaars' te zijn, ondanks de protesten van de religieuze mensen. Hij was vrij om de kracht van de verleiding in de woestijn en in de tuin van Gethsémané te weerstaan. De vrijheid die Hij genoot, belooft Hij aan ons! Vrijheid bestaat niet uit bovennatuurlijke gebeurtenissen, maar het is de vrucht van het weten dat we veilig zijn in de relatie met onze hemelse Vader. Ware vrijheid is onderdeel van onze erfenis als de kinderen van God. Jezus zegt ons dat als we de waarheid kennen, die waarheid ons zal bevrijden (Johannes 8:32). En 'Als de Zoon je vrij maakt, dan ben je werkelijk vrij' (Johannes 8:36). Vrij gezet worden door Jezus is complete vrijheid.

Jezus zet het leven van een slaaf tegenover dat van een zoon. Slaven hebben geen plek in de familie. Ze zijn buitenstaanders, binnengehaald om te dienen en de wil van hun meester te doen.

Ze hebben geen vrije tijd , omdat ze altijd klaar moeten staan om te reageren op de bevelen van degene, die hen bezit. Een slaaf heeft geen rechten , maar is totaal afhankelijk van de welwillendheid van zijn meester.

Een zoon is anders. Hij heeft voor eeuwig een plek in de familie. Dat is waarom de zoon in Lucas 15 terug kon keren naar zijn vaders huis. Hij was geen slaaf en was dat ook nooit geweest. Hij was een rebellerende zoon, maar toen Hij thuis kwam verwelkomde zijn vader hem terug op zijn plaats in de familie.

Slaven zijn gebonden; zonen zijn vrij!

Ik heb elders in dit boek gezegd dat we zonen en dochters worden op het moment dat we christen worden. De Bijbel is er heel duidelijk over dat onze bekering ons de volledige erfenis geeft, waar Jezus voor is gestorven. We hoeven niet door een tweede bekering te gaan om zonen en dochters te worden. Maar ook al zijn we kinderen van God: Veel christenen leven zonder dat dit is gebaseerd op een ervaring van realiteit in hun dagelijks leven. Ik hoop dat je, door dit boek te lezen, bent begonnen je te realiseren wie je werkelijk bent; dat je niet langer gevangen zit als een slaaf of een wees, maar dat je een zoon of dochter van je hemelse Vader **bent**. Deze openbaring kan realiteit worden in je leven. Het is geen eenmalige openbaring, maar een voortdurend en groeiend besef dat God je Vader is. Het is een transformatie van simpelweg weten 'God is een Vader', naar weten 'Hij is een Vader **voor mij**'. Na verloop van tijd zal het begrip, van wat het betekent een zoon of een dochter te zijn, groeien. Dan kunnen we de melk achter ons laten en overgaan op vast voedsel (Hebreeën 5:13-14). Net zoals kinderen in het natuurlijke opgroeien en, hopelijk, vrienden worden met hun ouders, zo kunnen wij mensen worden naar wie Jezus refereert als zijn vrienden (Johannes 15:15).

Als we genoegen nemen met een eenmalige ervaring, dan zullen we niet groeien in alles wat God voor ons heeft. Zijn verlangen is dat we veranderen naar het beeld van de perfecte Zoon, Jezus. Dit is onderdeel van onze reis van wandelen met de Vader.

Net zoals onze reis naar zoonschap zich ontwikkelt, is dat ook het geval met onze reis naar vrijheid. Wanneer we christen worden, worden we vrij gezet van de eeuwige effecten van zonde, en is onze toekomst in de hemel verzekerd. Maar dat betekent niet dat elk gebied van ons leven plotseling vrij gezet is. We moeten nog steeds het hoofd bieden aan onze gevallen natuur en ons leven in een gevallen wereld. We krijgen niet opeens een toegangsbewijs naar een leven zonder problemen. Helaas gaan er nog steeds dingen mis voor ons en voor degenen van wie we houden.

Paulus vertelt ons in Romeinen 8:15 dat de Geest die we hebben ontvangen er één is van zoonschap, die ons laat roepen: 'Abba, Vader!' Door het werk van de Heilige Geest realiseren we ons dat we noch slaven noch wezen zijn, maar kinderen van God. We hebben ons oude leven van slavernij verlaten en zijn gebracht in een vrijheid die komt, doordat wij weten dat we zijn zoons en dochters zijn. Maar we zijn niet alleen kinderen van God, we zijn ook mede-erfgenamen met Jezus. Alles wat aan Jezus behoort, behoort nu ook aan ons! Paulus begreep waar Jezus het over had in Johannes 8.

Er is een glorie die zichtbaar zal worden in ons als we groeien als zoons en dochters - we worden tenslotte veranderd om als Jezus te zijn. Als de realisatie van wie we zijn in ons groeit, groeien we in de 'glorieuze vrijheid van de zonen van God' (Romeinen 8:21). De ultieme expressie van glorie zal in ons geopenbaard worden wanneer Jezus terug is gekomen. Maar we kunnen deze vrijheid **nu** al beginnen te ervaren. De vrijheid die ons wordt aangeboden is glorieus. Het is niet beperkt tot iets waar we ons naar kunnen opwerken, maar het is het resultaat van de geest van zoonschap, die in ons leeft.

In Romeinen 8:19-25 is er een sfeer van urgentie. Er is een zuchten, een kreunen in ons, omdat we wanhopig zoeken en wachten op onze adoptie als zonen. Maar Paulus vertelt ons dat we *nu* al een geest van zoonschap hebben ontvangen. In Johannes 14 belooft Jezus de Heilige Geest, die in ons zal leven, en ons wezenhart zal wegnemen. Paulus roept ons bij een leven van gebondenheid vandaan, en nodigt ons uit tot een leven in vrijheid. Waar we weten dat we werkelijk zonen en dochters zijn. Deze passage geeft een profetische verklaring van de heerlijkheid die de Vader in ons ziet. En waarvan Hij wil dat ze geopenbaard word door ons heen, als we ons realiseren dat we een geest van zoonschap hebben ontvangen.

Ik heb al gezegd dat vrijheid geen toegangsbewijs is naar een leven zonder moeilijkheden. Het is wel vrij komen van zonde, verslaving en gebondenheid. Het is vrijheid van afhankelijkheid van het wereldse systeem (dat op financieel, politiek of milieu gebied kan zijn). Onze harten kunnen vrij zijn van de invloed en vernietiging door de omstandigheden, die ons kunnen omgeven.

Wanneer we groeien als zonen en dochters, dan zal de vrijheid die we ervaren ook groeien en meer duidelijk worden in onze levens. We zijn niet vrij gezet om gevangenen te blijven. We zijn vrij gezet om echte en glorieuze vrijheid te ervaren. Als de zonen van God geopenbaard worden, zal dat invloed hebben op de wereld om ons heen - op onze families en op degenen met wie werken.

Hoe worden de zonen van God dan geopenbaard?

Ik geloof dat deze 'openbaring' zal komen als we gevuld zijn met zijn liefde en beginnen te leven als zijn kinderen.

Allen, die Jezus ontvangen, hebben het recht om kinderen van God te worden (Johannes 1:12). En zijn hersteld tot zoonschap door Jezus' dood en opstanding (Galaten 4:4-7). Alle christenen zijn zonen en dochters van God, maar velen leven nog als slaven en wezen. Ergens hebben ze de waarheid gemist.

Jack Winter schreef: "God hield niet van Jezus omdat Hij volmaakt was; Hij hield van Hem omdat Hij zijn Zoon was".[3] Natuurlijk, Jezus wás volmaakt (en zonder zonde), maar dat was niet waar zijn Vaders liefde voor Hem op gebaseerd was. Hetzelfde geldt voor ons: God houdt niet van ons omdat we volmaakt zijn, noch wacht Hij totdat we dat worden. Hij houdt van ons, eenvoudigweg omdat we zijn kinderen zijn.

Wanneer we een openbaring van zijn liefde ontvangen , beginnen we te stralen als de zonen en dochters van God. Mattheüs 5:16 moedigt ons aan ons licht te laten schijnen voor de mensen, zodat ze onze goede werken zien, en eer geven aan onze Vader. Het gaat er niet om dat anderen ons opgepoetste optreden zien, maar om de stroom van zijn liefde door ons leven, die anderen aantrekt. Niet tot onszelf, maar tot onze Vader. Als liefde door ons heen vloeit, verandert het ons, en zal het van ons naar anderen stromen. Als we anderen liefhebben op de manier waarop er van ons gehouden wordt, zal de wereld weten dat we zijn discipelen zijn. We kunnen anderen alleen liefhebben, omdat Hij ons eerst heeft liefgehad! Dit is de hoop voor de wereld.

Er is ons een *glorieuze* vrijheid belooft. Zoals met alles wat God ons aanbiedt, is ook dit geen half werk. Onze vrijheid zal aantrekkelijk zijn. Onze vrijheid is bedoeld als ongelimiteerde schoonheid.

Dit is onze erfenis.

Maar vrijheid is een keus. Het is ons geboorterecht, maar we kunnen kiezen wat we er mee doen. Adam en Eva leefden vóór de val in vrijheid. Als een gevolg van de keuze die ze maakten verloren ze die vrijheid. Zoals we gezien hebben legt God ons nooit zijn wil op, omdat dat geen liefde zou zijn, maar manipulatie of controle. Ook wij kunnen in vrijheid leven als we ervoor kiezen de op prestatie gerichte levensstijl, die we geneigd zijn na te jagen, naast ons neer te leggen. En te worden als Jezus. Jezus wist dat Hij geliefd was, en dat de Vaders zegen en zalving op Hem waren. Zijn enige doel was de wil van zijn Vader te doen. En Hij deed dat met blijdschap. Dit was zijn leven van vrijheid, en wij kunnen hier ook voor kiezen.

Christenen praten veel over het Koninkrijk van God, of het Koninkrijk van de hemel. Dit onderwerp komt veel voor in Jezus' onderwijs en het lijkt erop dat het iets is waarvan Hij graag wil dat we het begrijpen. Ik hoorde iemand eens een vergelijking maken met een stuk zeep: wanneer je denkt dat je het vast hebt, glipt het je uit de vingers. Maar toch denk ik dat het iets **is** dat we kunnen pakken. Een koning geeft zijn Koninkrijk niet aan slaven, maar aan zijn erfgenamen. Hij geeft het aan zijn zoons en dochters. Het Koninkrijk van God is een plaats waar vrijheid regeert, want dat is de aard van de Drie-Eenheid. We zullen meer van het Koninkrijk begrijpen als we ten volle binnenstappen in een intieme relatie met de Vader, als zijn zonen en dochters. Wanneer we leren te leven als de kinderen van God, dan zullen we duidelijker beseffen wat het betekend om hier op aarde ware burgers van dat Koninkrijk te zijn.

Wanneer we beginnen de wegen van een wees achter ons te laten, en ons te laten vullen door Vaders liefde, verlaten we een leven van slavernij en gebondenheid. En gaan we binnen in de glorieuze vrijheid van de zonen van God.

Zijn Koninkrijk is onze erfenis en het is een leven van vrijheid!

We kunnen hier, door de Bijbel heen, een blik op werpen:

'Ook jou lokte Hij weg van het gevaar dat je benauwde, naar een plaats waar je vrij kon ademhalen en je tafel met vette spijzen overladen was.' (Job 36:16)

'Al gaat mijn weg door een donker dal, ik vrees geen gevaar, want U bent bij mij. Uw stok en Uw staf, zij geven mij moed. U nodigt mij aan tafel voor het oog van de vijand. U zalft mijn hoofd met olie, mijn beker vloeit over.' (Psalm 23:4-5)

'Hij die een bres slaat gaat voorop, ze breken uit, ze trekken door de poort, ze gaan erdoor naar buiten. Hun koning gaat hen voor, de HEER gaat aan het hoofd.' (Micha 2:13)

God wil dat zijn kinderen los breken en vrij zijn. Hij wil niet dat we leven met allerlei beperkingen, waardoor we niet kunnen genieten van alles dat Hij voor ons heeft. Hij wil dat zijn glorie in ons openbaar wordt. Hij wil dat we weten dat we werkelijk zijn zoons en dochters zijn. Hij wil dat we Hem verheerlijken door ons leven. Hij wil dat we ons afscheiden van de manier van leven van wezen, van een wereldse manier van leven, en dit achter ons laten. De wereld wacht tot de zonen van God worden geopenbaard.

Hij biedt ons een leven van vrijheid aan, waar we van mogen genieten.

Noten:

1. *Homily in Orioles Park at Camden Yards - 8 oktober 1995, Paus Johannes Paulus II*
2. *Mike Tyson - Sports Illustrated, maart 1988*
3. *'The Homecoming' - pagina 188, Jack Winter*

Hoofdstuk 12

De transformerende kracht van liefde

'Wij hebben Gods liefde, die in ons is, leren kennen en vertrouwen daarop. God is liefde. Wie in de liefde blijft, blijft in God, en God blijft in hem.'
(1 Johannes 4:16)

In dit boek heb ik geprobeerd de liefde van de Vader zo simpel mogelijk weer te geven, omdat ik geloof dat het simpel ís.

Bij mijn reizen door Afrika en Europa heb ik mensen met verschillende achtergronden, opvoeding en scholing ontmoet. Maar wat me raakte is dat niemand verhinderd word tot de Vader te komen. Het hangt niet af van educatie of meetellen in de maatschappij. Of we nu arm zijn of rijk, hoog- of laagopgeleid, we kunnen allemaal weten dat God een Vader voor ons is. Alles wat er van ons wordt gevraagd , is een kinderlijk begrijpen en eenvoud van geloof. Ik geloof echt dat niemand is uitgesloten van het ervaren van de liefde van de Vader. En van het weten, diep in je hart, dat je zijn zoon of dochter bent.

Ik weet ook dat er geen formule is, of een knop die we om kunnen omdraaien, waardoor we plotseling deze buitengewone liefde kunnen ontvangen. Ik zou soms willen dat dat wél zo was!

Ik weet van mensen die bijna in één keer een openbaring en besef van Gods liefde kregen. Maar ik ken ook mensen die jaren moesten worstelen om het te kunnen ontvangen. Ik weet van mensen die iets geproefd hebben, maar het gevoel hadden dat het niet voor hen was. En die vervolgens, een paar jaar later, omver geblazen werden door deze liefde. Ik ken jammer genoeg ook mensen die de openbaring van Vaders liefde hebben afgewezen. En doorgingen met hun christelijk leven, proberend vrucht te dragen in hun eigen kracht.

Ik geloof dat deze openbaring voor iedereen is. De volheid van Gods goedheid en liefde zijn nog niet aan de wereld geopenbaard. Als wij om elkaar geven zoals Hij van ons houdt, dan zal de wereld beginnen te zien wie Hij is. Als we Hem de kerk laten bouwen, en onze programma's en activiteiten laten overnemen, dan kunnen de poorten van de hel niet staande blijven. Als we geopenbaard zijn als de vrije zonen van God, dan zal de schepping (inclusief de mensen die daar deel van zijn) dezelfde vrijheid binnengaan. Als we beginnen te genieten van de wijd open ruimte, zullen de mensen om ons heen vrij gezet worden uit hun eigen gevangenschap.

Om te leren leven in Gods liefde kunnen we niet enkel vertrouwen op speciale momenten. Leven in liefde is een manier van leven. Als we in liefde leve , staan we haar transformerende kracht toe ons hart te veranderen.

Jezus moedigt ons in Johannes 15:9 aan om te leven in liefde. Niet om te komen en te gaan wanneer het ons uitkomt, maar om daar permanent te verblijven.

Alleen wanneer we in liefde leven kunnen we de liefde, die God voor ons heeft, kennen, en erop vertrouwen (1 Johannes 4:16). De woorden 'kennen' en 'vertrouwen op' komen uit de ervaring. Het zijn geen theoretische concepten. Maar het is de realiteit van de ervaring, die invloed op ons heeft wanneer we in deze liefde beginnen te leven. 'Kennen' betekent ervaren, aanraken, voelen of herkennen. Gods liefde is iets dat we kennen, omdat we het aangeraakt en gevoeld hebben. Zijn liefde heeft effect op elk gedeelte van ons leven. Het is niet beperkt tot kerkelijke activiteit, want het is iets dat ons hart beïnvloedt en verandert. Het is de dagelijkse realiteit van zijn aanwezigheid die effect heeft op alles wat we doen. Als we deze liefde ervaren , beginnen we er op te vertrouwen. En weten we dat het rotsvast en onwankelbaar is.

Veel van jullie zullen de film 'The sound of music' kennen; waarin een jonge, aantrekkelijke non op pad gestuurd word om voor de kinderen van een strenge marine-kapitein te zorgen. Als Maria in het huis aankomt is ze geschokt wanneer ze de harde manier ziet, waarop de vader zijn kinderen behandeld. Hij fluit wanneer ze moeten komen, deelt bevelen uit, en laat ze staan als Hij tegen ze praat. Als het verhaal zich ontvouwt zien we dat de vrouw van de kapitein gestorven is. En dat deze man zijn hart heeft gesloten voor liefde en voor wat voor gevoelens dan ook.

Maria wint het hart van de kinderen en na verloop van tijd ook zijn hart. Hij verandert van een afstandelijke, harde man in een vriendelijke, liefdevolle vader. Hij verandert van een boos en onverdraagzaam mens in iemand die zijn kinderen met open armen accepteert. Als Maria de weg naar zijn hart vindt, staat Hij zichzelf toe weer liefde te ontvangen. Deze film is een prachtig voorbeeld van de transformerende kracht van liefde.

'The sound of music' laat ons zien wat de kracht van liefde kan doen. Het illustreert wat leven in liefde betekent en hoe de liefde van de Vader ons kan veranderen. Toen de kapitein liefde ontving, veranderde hij, en werd hij iemand die liefheeft. Net zoals Maria het niet opgaf, is onze Vader volhardend in het najagen van ons hart. Net zoals Maria leven bracht in een levenloze familie, brengt de Vader leven in ons levenloze hart.

In de introductie van dit boek zei ik dat de meesten van ons wel weten dat God een Vader is. Ik maakte ook duidelijk dat, hoewel heel veel mensen weten dat ik een vader ben, alleen mijn vier kinderen dat op een persoonlijke manier en uit ervaring weten. Ik heb in dit boek proberen uit te leggen dat alleen weten dat God een Vader is, niet genoeg is. We hebben een persoonlijke ervaring van zijn buitengewone liefde nodig, die ons leven van binnenuit verandert. Een openbaring van zijn liefde is in feite ook niet genoeg. Wat we echt nodig hebben is een overdracht van zijn liefde. Als zijn aanwezigheid komt en ons vult, weten we dat Hij werkelijk op dit moment van ons aan het houden is!

Een openbaring maakt het ons mogelijk iets te zien, en het kan ons tijdelijk veranderen. Een overdracht houdt een permanente verandering in, waar God een deel van zichzelf neemt en het in ons hart legt. Waardoor we voor altijd veranderd zijn. Naar een conferentie gaan kan niet het begin en het einde van deze ervaring zijn. Het kan het begin zijn van een levensveranderende ervaring, maar we zijn geroepen om te leven in liefde. Of, zoals een andere schrijver het zegt, liefde tot ons thuis maken.

Wat ik heb geprobeerd uit te leggen is dat het ontvangen van de liefde van de Vader geen eenmalige actie is. Het gaat er om dat we een leven leiden dat vol liefde is. Natuurlijk lekken we allemaal, de één sneller dan de ander. Maar we kunnen blijven terugkomen om opnieuw gevuld te worden met de buitengewone en bevrijdende liefde van de Vader. Zo'n manier van leven is een voortgaand proces waarin we van glorie tot glorie gaan. Ik moedig je aan dit nooit moe te worden.

Net zoals Maria in 'The sound of music' het hart van de kapitein deed smelten, zo wil de Vader ons hart laten smelten. Zodat het open is om zijn liefde te ontvangen. Zijn verlangen voor ons is dat we weten dat we geliefd zijn, op elk moment van elke dag. We kunnen echt geliefd leven! Hij wil dat we weten dat zijn liefde niet afhankelijk is van onze daden, mogelijkheden of optreden. Hij houdt van ons omdat we zijn zoons en dochters zijn. Zijn liefde zal ons veranderen. Na verloop van tijd zal het ons leven transformeren. Het zal zijn invloed hebben op onze houding en daden.

Het zal onze gedachten en motieven veranderen. Zijn liefde zal onze relaties, onze kerken en uiteindelijk, zo geloof ik, onze samenleving veranderen.

De kracht van Gods liefde zal ons transformeren en zal daarmee doorgaan zolang wij het de ruimte geven. God zal Zichzelf nooit aan ons leven opdringen. Hij wacht tot we de deur openen en Hem binnenlaten.

God wil dat we weten wie Hij werkelijk is. Te lang is Hij verkeerd voorgesteld aan de wereld en zijn ware natuur werd niet bekend gemaakt. Hij wil niet in mysteriën gehuld blijven, en Hij wil zeker niet bekend staan als ver weg of boos.
Hij wil Zichzelf aan ons bekend maken zoals Hij is.

God is een Vader. Hij is altijd Vader geweest en Hij wil een Vader zijn voor JOU!